不拖拉！

小学生的
时间管理
锦囊

编著 /［日］高取志津香

译者 / 王影霞

青岛出版集团｜青岛出版社

什么是时间？

你考虑过时间吗？
或许，你这会儿才开始考虑；
又或许，你很讨厌这个词，
就因为时间问题总被爸爸妈妈说：
"快点儿！别拖拉！""怎么不遵守时间呢？"
接下来，你拿起这本书，
是因为发愁自己管理不好时间才想看看呢，
还是因为，自己还是能管理好时间的，
不过，如果家人遇到这样的烦恼时，
可以递上这本书，让他好好读读？

不经意间，时间一晃而过……
认识到时间是有限的，
这是管理好时间的第一步！

你在读这本书的时候，时间也在一刻不停地向前跑！
嘀嗒、嘀嗒，嘀嗒、嘀嗒，
分分秒秒，日积月累，时间刻画出你的一生。

你的时间只属于你！
再亲密的家人和朋友，也不能代替你活在你的时间里。
而且，就算是你的时间，
你也不能让它停止，不能让它回到从前。

日复一日、年复一年，
时间陪你走过漫漫人生。
一寸光阴一寸金，你要加倍珍惜。
掌握了管理时间的好方法，
你的人生将亮丽多彩、熠熠生辉！

那么，怎样才能管理好时间呢？
这实在是有点困难的事情，
就算是大人，也有失败的时候。
为什么呢？
因为管理时间根本没有"应该这么做""这么做没问题"
这样的标准答案。
大人也好，孩子也罢，
都要勇于挑战自我，才能学会管理时间。

听起来是不是很难呀？
没关系，万事开头难嘛！
大家一开始难免管理不好时间，
就像本书的主人公小美和小飒，
他们俩人现在都不会管理时间。
接下来，就和他们一起，
学习怎样管理时间吧！

他们是本书的主人公小美和小飒。
下面就和他们一起
学习怎样管理时间。

小飒

小美

（急匆匆）
（急匆匆）
（急匆匆）
（推开教室门）
刚好上课!
小美
小飒
嘿嘿……
嗯? 小飒究竟在笑什么呢?
（小声说）
小美!你头发太乱啦!!早晨没梳吗?
啊!
今天太狼狈了……
（发懒）
喂,先别睡!

管理好时间，好处可多啦。

管理好时间的

更有活力、更自信！

每天生活有规律，按时吃饭睡觉，这是身体好、精神好的基本条件。另外，出门前还要让自己衣着得体、梳好头发、适当使用护肤品。只要每天都能管理好时间，你就会显得更有活力，而且充满自信。

离梦想更近！

实现梦想要靠平时一点一滴地积累。比如，专业运动员能够取得好成绩，就是每天不怕苦、不怕累、持之以恒、刻苦训练的结果。

或许你这会儿还没想过自己要做什么，可是一旦有了目标，你就会像上满了弦的发条，冲劲十足，谁也阻挡不住你奋进的步伐。

得到别人的信任！

"不会让你等。""会按时交作业。"
只要你遵守时间、说到做到，就
不会给别人带来麻烦，同时还能
得到别人的信任。

益处

做自己喜欢做的事情！

只有管理好时间，你才能做好自己喜
欢做的事情。比如，在家看看书、做
做手工，或者出去运动运动、和朋友
玩耍。这些事情都会带给你快乐，能
尽情享受，当然开心啦！

开心、快乐

管理好自己的时间，你才
能充分享受和家人、朋友
在一起的美妙时光，开心、
快乐！

做真实的自己！

管理好时间，你才能从容、淡定地度
过一天，做自己想做的事情，更加了
解自己。你的人生你做主！这样的你
才是一个真实的你。

听你这么一说，我才知道管理好时间竟然有这么多好处！

可是，我能管理好时间吗？

没问题！大家都一样，一开始可能做不好。

即便是老师和爸爸妈妈，也都是经历过失败才学会管理时间的。

原来是这样啊！

你看！

除你之外，别的小学生也因为不知道怎么管理时间而烦恼呢。

放学回家后
马上写作业

我回来啦！

一、二、三

下午 5 点
上芭蕾舞课

回家后，
先吃饭再洗澡

パクパク

（细嚼慢咽）

为了自己的梦想，
刻苦学习英语

啊——
总算都做完了……

（哎呀）

は っ

借朋友的漫画书
明天要还了，
得赶紧看完，
不然来不及了。

今晚的计划

- 写作业 30 分钟
- 做数学题 30 分钟
- 6 点吃晚饭
- 8 点洗澡
- 9 点睡觉
  一定要完成！！！

用 30 分钟写完作业，

然后做数学题 30 分钟……

哇……计划表简直太完美啦！

咦？什么意思呢？怎么字典里查不到？课本又落学校里了！

30 分钟过去了还没写完作业！怎么办啊……

去找小青借一下课本吧。

原打算 30 分钟写完作业，没想到耽误了这么多时间……

（自责）

好不容易制订了计划，这么晚还没完成！！

数学

（哗啦，哗啦）

你匆匆忙忙应付完作业，错误连篇，有什么意义呢？

可是，昨天……

你是哪种类型的人？

管理不好时间有很多原因，因人而异可以分为4种类型。只有知道自己是哪种类型的人，才能找到管理时间的正确方法，从而更好地管理时间。请用"是"或"否"回答下面的问题，根据结论，就能大致判断出自己是哪种类型的人！

⇒ 是
→ 否

起点

不太在意考试成绩	是 ⇒	课堂上经常举手	是 ⇒

↓ 否

喜欢一个人行动	否 →	爱表现自己	否 →

⇓ 是

不管别人怎么说	否 →	想当领头人	否 →

⇓ 是 ⇓ 是

D 型

C 型

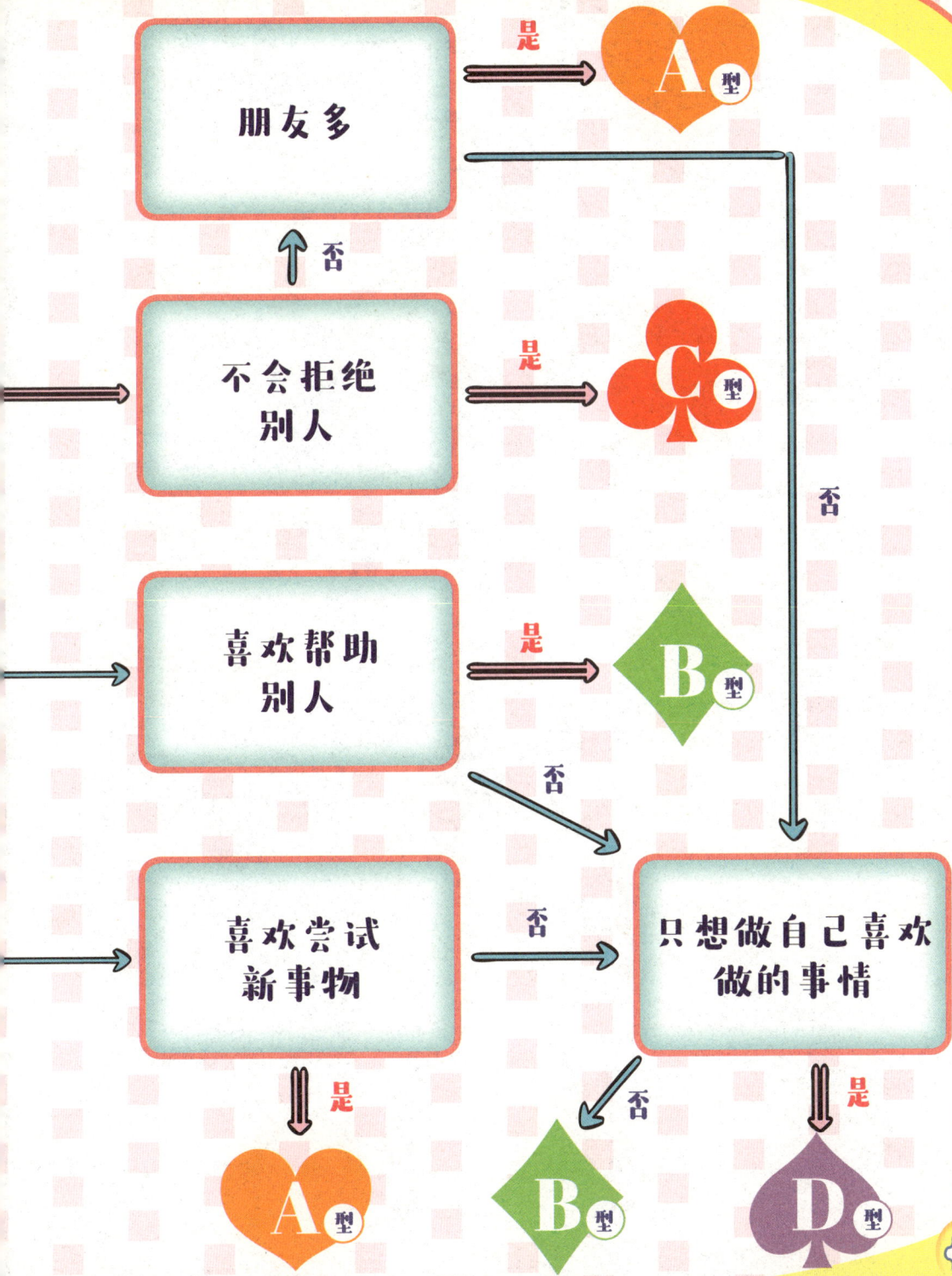

朋友多 →是→ A型

↑否

不会拒绝别人 →是→ C型

否→

喜欢帮助别人 →是→ B型

否→

喜欢尝试新事物 →否→ 只想做自己喜欢做的事情

↓是 (喜欢尝试新事物)
A型

↓否 (只想做自己喜欢做的事情)
B型

↓是 (只想做自己喜欢做的事情)
D型

爱丽丝型

求知欲强，好奇心强

对策 1

● 如果必须做的事情不是你擅长做的，就把它写在记事条上，然后把记事条粘贴到白板上明显的地方。等事情做完后就把记事条揭下来。这样做你会更有干劲！

对策 2

● 制订计划或者做事情没有干劲时，你可以尝试多种办法，怎么开心就怎么做。

对策 3

● 研究显示，小学生保持注意力集中的时间通常为 15 ~ 45 分钟。所以，你在学习的时候可以用定时器设定好时间，每学习 15 分钟就休息 5 分钟，做到劳逸结合。

你的优点

· 想象力丰富

· 积极乐观

· 富有挑战精神

你的特点

求知欲强、好奇心强、富有挑战精神，这是你的优点。但是，你做事容易没有耐性，不能坚持到底，而且你想做的事情太多，挤占了做功课等必须要做的事情的时间，常常到最后才匆匆忙忙地写作业，这样时间就非常紧张。

灰姑娘型
温柔、善良，乐于助人

你的特点

温柔、善良，乐于助人，讨人喜欢。喜欢自由自在，做事不紧不慢。不过，对时间的掌控力不足。总是替别人考虑，愿意把时间花在别人身上，自己的事情反而往后拖。

对策 1

● 要想掌控好时间，就必须养成倒推时间的习惯。制订计划后，一定要认真执行。

你的优点

· 淡定、豁达
· 讨人喜欢
· 温柔、善良
· 很有爱心
· 做事认真

对策 2

● 制订了计划，就要集中时间和精力认真完成计划。不要把无关的事情放在心上。

对策 3

● 寻求家人帮助。按照日程表，每做完一件事情，就让爸爸妈妈贴上小红花，这样做会增添干劲。

白雪公主型

有恒心、有毅力，是值得信赖的领导型人物

对策 1

● 留出休息和放松的时间。累了就休息，不要勉强自己。

对策 2

● 制订计划时，不要把事情安排得太多、太满，必须当天做的事情就当天完成，不必当天做的事情可以改天完成，分清楚比较好。

你的优点

· 团结友爱，有领导力
· 认定目标，积极进取
· 决不退缩，永不放弃

你的特点

做事周到，是大家公认的领导型人物。在班里表现积极，受到同学的尊重和老师的信赖。争强好胜，从不示弱。建议不要逞强，不要太崇尚个人英雄主义。要学会适当放松，可以把有些事情交给别人干。

对策 3

● 把要做的事情写在记事条上，再粘贴到白板上，每做完一件事情就揭下一张记事条。这样，没做的事情和做完的事情分得清清楚楚，不仅有提示作用，做起来还很轻松。

辉夜姬型

很有个性，很有主见

你的优点

· 坚持己见

· 对喜欢做的事情很有干劲

· 热心研究，追求完美

你的特点

很有个性，有自己的想法，像个大人。对自己不喜欢做的事情缺乏干劲，迟迟不采取行动。对自己感兴趣的事情干劲十足。学习上，自己喜欢的科目会进步很快。

对策 1

● 制订计划不要太周密、细致。否则，一旦没能在规定时间里完成，就会烦躁不安。如果时间宽松，事情就很容易做完，也不会觉得烦躁，反而能提前完成计划。

对策 2

● 围绕自己喜欢和感兴趣的事情制订计划。为了做喜欢和感兴趣的事情，就会努力提早把其他事情做完。

CONTENTS
目 录

第4部分　实现梦想的时间管理法

致家长

第 1 部分

时间属于谁?

时间属于我们每个人,它对谁都很公平。那么,遵守时间究竟是为了谁?本章我们一起来探讨这个问题!

唉……
早上又睡过头了,
让妈妈好一顿说!

所以嘛,早起不就没事啦。
小美,听说你上学经常迟到啊。

快点儿！！
快点儿……
总让妈妈催个不停。
为了不让妈妈发火，快教我怎么管理时间吧！
等一下！你是为了不让妈妈发火才学习管理时间的吗？难道你不明白这其实是为了你自己吗？
什么？为了我自己？
第2天
早上好！
ガラッ
（推开教室门）
小美，你迟到了！
对不起……

课间

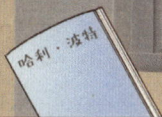

啊！你手里那本书我正想看呢！借我看看吧？

不借！

呃？为啥？

因为你不遵守约定，说话不算话！说好了还书时间，可到时候你总还不上书！

ガ———————ン

（啊——这——）

ピンポーン

（郁闷）

怎么啦？

今天……

遵守时间究竟是为了谁?

对不起,刚才我说得有点过分。嗯?是谁在说话呀?

呃?小飒,你也看到时间精灵啦?

看样子,你也发愁管理不好时间啊!

是啊,总被爸爸妈妈说,真烦……

那我问问你们:遵守时间究竟是为了谁?

是不是都把问题推给爸爸妈妈?

早上起不来床、作业没有完成,烦恼的只能是你自己,问题都是你自己造成的,和爸爸妈妈无关,所以不要把你的问题推给爸爸妈妈。既然起床、写作业都是你的事情,你就不能总是依靠爸爸妈妈,你自己要好好想想应该怎么做。

认为是别人的问题,会是这个样子!

早晨,妈妈没叫醒我

↓

妈妈没叫醒我,我就起不来床

↓

怎么也改不掉睡懒觉的毛病

认为是自己的问题,会是这个样子!

早晨没按时起床是自己的问题

↓

下定决心,努力做到自己按时起床

↓

自己渐渐能按时起床了

↓

改掉了睡懒觉的毛病

首先要认识到:遵守时间是为了自己!

不遵守时间会出现什么问题？

听课内容不完整

老师的讲课内容很重要。一旦上学迟到，你就不知道老师之前讲了什么，使你的学习效果受到影响。

失去别人的信任

遵守时间的人不仅珍惜时间，往往也会遵守约定、信守承诺。

在他们看来，不遵守时间的人懒散、懈怠，不值得信任。遇到特殊情况，迟到一次两次，可以得到理解原谅，如果经常迟到，就会失去别人对你的信任。

给大家添麻烦

约好了见面时间，如果因为你的迟到，让大家等你，你就给大家添了麻烦。比如，学校组织郊游活动，到了出发时间，如果有人迟到，大家就不能出发，要等他来才能出发。想想看，假如让你等这个人，你会是怎样的心情？

失去很多机会

比如，你准备参加面试，但是在规定的时间里你没去，通常情况下你就失去了被录取的机会。

大人如果不遵守时间，就有可能被扣薪水，甚至会丢掉工作。

时间
为什么宝贵?

妈妈总对我说时间很宝贵!
时间为什么那么宝贵啊?

现在你还小,暂时领悟不出时间宝贵的道理。
大人们久经岁月考验,感到时间非常宝贵,主要有以下这
些理由。

时间宝贵的理由

因为时间是有限的

你是不是觉得时间多得很呀? 其实,
无论是大人还是孩子,对每个人来说都是
1 天 24 小时,无论你多么忙、时间多么
不够用,你都不能增加自己的时间,也借
不来别人的时间。

因为时间一去不复返

"当时这么做就好了!"但是,
时间一旦过去,就回不到从前,
事后再后悔也来不及了。

因为有重要的事情要做

生命是有限的。不管大人还是孩子,
一生中都有重要的事情要做。为了做重要
的事情,就必须管理好时间。

时间对每个人都很公平,怎样管理时间是每个人的自由,
不过,怎样管理时间恰恰反映出一个人的个性。
听听学长们是怎么说的。

你认为什么样的时间最宝贵？

人物采访

我喜欢跳舞，所以想把时间全部用在跳舞上。

和喜欢的人一起度过的时间最宝贵。只要和他们在一起，我就充满力量。

我的爱犬豆豆已经老了，活不了多久了，我很珍惜和它在一起的时间。

将来我想当设计师。现在，能有时间看设计杂志、观察城市里的流行时尚，我就很开心。

珍惜时间的人，都神采奕奕，自信快乐。我也想和他们一样，管理好时间。

认真考虑
如何管理时间

根据自己的喜好管理时间

你的时间只属于你，怎么管理是你的权利。放学回家后，你可以和朋友玩，也可以看看漫画书，只要你喜欢，都可以做。你可以按照自己的喜好管理时间，但是，你要承担由此带来的后果。不学习、不写作业带来的麻烦只能你自己承受。玩多久、看多长时间漫画书这些问题，你务必考虑清楚，也要计划好，这样你才能管理好时间。

> 什么？！
> 根据自己的喜好管理时间？这样能行吗？

> 当然可以。
> 不过，时间是有限的，怎样管理和利用时间，一定要考虑清楚哦。做做下页关于时间的思考题吧！

思考题的几点提示

没有正确答案！

关于时间的思考题没有正确答案，你想怎么做就怎么做。你可以参考别人的意见，但最终还是由自己决定。

想想什么对你最重要！

是选择短时间内尽快完成呢，还是不着急慢慢来呢？这完全取决于你觉得什么最宝贵，什么最重要。

要为将来着想！

做出选择后，你可能感到轻松快乐，但是能一直轻松快乐下去吗？之后会不会遇到麻烦呢？所以，一定要为将来着想。考虑一下事后的自己、明天的自己、将来的自己会怎样，再做出回答。

小练习
提高时间管理力

想想看！

选择哪个好呢？

圈出你认为合适的答案！

★ 外出旅行时

坐飞机直达目的地

坐火车和汽车经停许多站点，悠闲地到达目的地

★ 买不超过 30 元的糕点时……

去离得近、但价格比较贵的便利店

去距离远、但价格便宜的糕点房

★ 想成为传说中的哪位人物？

《龙宫传说》中的浦岛太郎，在龙宫受到很长一段时间的热情款待，回家时已是白发苍苍，感受到了"天上一年、人间百年"的时空变迁。

《仙鹤报恩》中的仙鹤，知恩图报，化身美丽的姑娘，用了短短 3 天时间，取下翅膀上的羽毛为老爷爷一家织锦赚钱。

为什么大人总说"快点儿"？

我已经很快了，为什么爸爸妈妈还是让我"快点儿"呀？

爸爸妈妈也总是催我："快点儿！快点儿！"一天到晚催个不停……好烦啊。

因为大人比孩子想得多、看得远

虽然你的时间自己来管理，管理不好时间，没有按时起床、按时完成作业，烦恼的是你，可是，爸爸妈妈还是会着急发火，催你"快点起床！""赶紧写作业！"，这是为什么呢？

这是因为，比起孩子，大人阅历丰富，能预料到以后可能会发生的事情。比如，你没有早起，就可能迟到，影响上课效果。考虑到这些后果，他们才着急发火的。

比如……

某位小女生和朋友约好下午1点见面。才刚过12点，妈妈就催她"快点儿"，比她还着急。为什么会这样呢？

戴上"大人眼镜"一探究竟吧

这里有副"大人眼镜"，戴上它，就能"看见"大人的心情。现在就戴上它，看看上页图里那位妈妈的心情吧。

快点儿！

别迟到！

如果你迟到了，让朋友等，就是你的不对，朋友可能会不高兴。一旦闹得不愉快，彼此伤心难过，那就不值得了。

小练习 **想想看！**

下面这位爸爸正在发火。戴上"大人眼镜"，"看看"他是什么心情，写下来吧。

赶快写作业！

做做
模拟练习

好好想想：这样做会带来什么麻烦？

既然时间是自己的，你就可以按照自己的想法去管理时间。但是，如果爸爸妈妈催你"快点儿"，你不听他们的，会有什么后果呢？

像这样设想未来可能发生的事情，我们称为"模拟"。通过模拟练习，你能认识到，如果不接受爸爸妈妈的建议，以后就会遇到麻烦。那么，为了避免遇到麻烦，现在就必须考虑清楚应该怎么办。

★ 假如你是本书第 10 页的那个小女生……

妈妈催你："快点儿！"

听妈妈的话（早点儿出门）　　　　不听妈妈的话（拖拖拉拉）

↓　　　　　　　　　　　　　　　↓

按时到达约定地点　　　　　　　　迟到了 30 分钟

↓　　　　　　　　　　　　　　　↓

1 点钟准时和朋友参加活动　　　　结果怎样？

迟到 30 分钟会发生什么事情？接着往下看，你就明白啦！

要珍惜
别人的时间

**别人的时间也很宝贵，
也要珍惜！**

时间对谁都很宝贵。假如你比约定时间晚到了 30 分钟，那么朋友就因为等你少玩了 30 分钟。如果这期间，你不联系她，让她一直等，那么她不仅什么都做不了，还担心你发生了意外。所以，朋友的时间、家人的时间、周围任何人的时间，都和你自己的时间一样宝贵，都要珍惜！

看来必须要考虑对方的心情啊。

长大以后参加工作，如果不遵守时间，就会丢掉工作的。

★ 戴上"大人眼镜"一探究竟吧

工作中缺乏时间观念

**不遵守时间约定，
迟到了……**

一旦你上班迟到了，让领导和同事等你，那么因为等你，本来可以完成的事情就要往后拖。这样，你耽误了大家的时间，给大家带来麻烦，大家就不愿意与你共事了。

**没有按时完成
工作任务……**

学校布置的作业必须按时完成，同样，工作中安排的任务也必须在规定时间内完成。如果没有按时完成，就会影响工作进程，给同事或客户带来麻烦，失去对方的信任，甚至还有可能丢掉工作。

小练习
提高时间管理力

想想看！

1 朋友迟到了 30 分钟，
你会怎么想？

2 你迟到了 30 分钟。虽然你一再道歉，
朋友还是不高兴，你该怎么办？

遵守时间，不要迟到

以后，不能再因为迟到让别人等我了！
可是，每到出门时，就感到时间紧张不够用啊……

从约定时间起倒推时间

如果你和朋友约好下午 1 点钟在公园见面，那么几点钟出门合适呢？假如从你家到公园需要 10 分钟，你就可以 12 点 50 分出门。这种倒着推算时间的方法就是倒推法。把倒推的时间和要做的事情写在白板上，提醒自己不要忘记。

PM 1:00

不迟到，有窍门

设定闹钟，提醒自己

"没看时间，不小心给耽误了！"为了避免此类事情的发生，建议你提前设定闹钟，把铃响时间定在出门前 10 分钟。

预留时间，从容不迫

倒推时间时，要预留一些时间。比如，通常情况下，你 10 分钟就能赶到公园，可是一旦途中遇上红绿灯或是让别的事情耽误了时间，10 分钟内你就赶不到公园。为了防止发生意外，你要预留 5 分钟，也就是提前 15 分钟出门。

小练习 倒推时间！

和朋友约好下午 1 点钟见面。
应该怎么安排时间呢？

在公园见面

下午 **1：00**

从家到公园需要 **10 分钟**

★ 先考虑出发前要做的事情

☐ 吃午饭

☐ 刷牙

☐ 梳洗

☐ 收拾随身物品

★ 再计算做每件事情需要的时间

吃午饭	▶	大约 分钟
刷牙	▶	大约 分钟
梳洗	▶	大约 分钟
收拾随身物品	▶	大约 分钟

★ 最后用倒推法算出每件事情应该什么时间做，写在白板上

┊	
┊	
┊	
┊	
┊	
┊	走出家门

估计自己要迟到时，应该怎么办？

★ **马上联系对方，说明情况**

　　估计自己要迟到时，你应该马上和对方取得联系，说明情况，让对方不要担心，这是基本礼节。如果你不及时告诉对方，对方因为等不到你，就很可能认为是自己搞错了时间，或者担心你发生了意外。所以，你一定要马上联系对方。

发现自己喜欢做的事情

什么？
管理好时间还和做自己喜欢的事情有关系？

是啊，关系还很密切！小飒，你喜欢做什么？

我喜欢踢足球！

可是，除了踢足球，还有些事情是你必须要做的呀！

嗯，想想也是。
比如写作业，在家学习线上课程……

只有早点写完作业，你才能痛痛快快地踢足球吧？我们平常说要管理好时间，就是这个意思。

要点

喜欢做的事情就是……

● 即使没人让你做，你也想做。

● 让人着迷，做起来感觉时间过得飞快。

● 只要一想到它就异常兴奋、开心、快乐。

→ 详细内容请看本书第78页。

珍惜做自己喜欢的事情的时间，充实自我

你认为学习时间管理的目的是什么呢？是为了健康，是为了更好地学习，还是为了不给别人添麻烦？这些回答都正确，但是最重要的目的还是为了做自己喜欢的事情。

你喜欢做什么？什么事情让你感到兴奋、快乐？用在做自己喜欢和感兴趣的事情上的时间才是真正充实自己的时间，所以，一定要珍惜这样的时间。

做自己喜欢的事情，能带来这些好处

让你每天开心、快乐、劲头十足

如果每天都有时间做自己喜欢的事情，那么你就会过得开心、快乐。不管别人怎么说，只要能做自己喜欢的事情，你就会劲头十足，乐于动脑，积极进取，而且感到幸福和快乐。

让你充满勇气和力量

为了做喜欢的事情，你就会更加努力地做别的事情。比如，做不擅长和棘手的事情时，一想到"做完它，就能做喜欢的事啦"，你就会精神振奋，增添勇气和力量。

小飒喜欢踢足球，可我还没有找到自己喜欢做的事情……

小美，你不是喜欢画画、阅读吗？除了这些，你还喜欢做什么？通过下面的练习，好好想一想！

想想看！

小飒最喜欢踢足球，那你最喜欢做什么呢？

1 喜欢哪一个？

户外活动	在家玩耍
捉迷藏时 **当藏起来的一方**	捉迷藏时 **当捉人的一方**
好多人一起聚会	少数几个人聚会

2 选择哪一个？

没有标准答案，根据自己的意愿选择！

★ 想吃哪种食物？

从没吃过， 但是看起来很好吃的食物	曾经吃过， 而且自己还很喜欢吃的食物

★ 想带什么东西去无人岛？

100 本书	1 台游戏机

★ 想在哪里生活？

全年都是夏天的国家　全年都是冬天的国家

★ 想带什么去无人岛？

小狗　小猫　猴子　机器人

★ 不喜欢哪一个？

独自一人
度过 1 周时间　有人陪伴
度过 1 周时间

★ 最不希望什么从世界上消失？

音乐　文字　绘画

3 如果是你，你想怎么做？

★ 在所有课程里，如果只有一门功课比别人学得好，
你希望是哪一门？

★ 你想带什么去太空？

4 现在，假如你有 1 小时的自由时间，
你想做什么？

5 现在，假如你要什么有什么，你想要什么？

6 现在，假如你只能见一个想见的人，
你最想见谁？

7 现在，做什么事情最让你开心？

8 问题 **7** 的回答是你喜欢做的事情，
假如把它当成工作的话，会是什么职业呢？

画画、阅读、做手工……
这些事情都让我开心，我都喜欢做。
至于最喜欢做哪件事情，
我也不知道。

看来，你喜欢做的事情不是一件，而是很多
件，这就更好啦！
假如有人还没有找到自己喜欢做的事情，那么
从现在起就要问问自己："我想做什么？""我
喜欢做什么？"
就这样，不停地问自己，只要认真思考，一
定会找到自己喜欢做的事情！

为什么开心、快乐时，时间就过得很快？

与对时间的感知和内心活动有关

　　和好朋友们相聚，不知不觉就到了说再见的时间，感觉时间过得很快；一旦上课碰到自己不喜欢的科目，就觉得这节课过得真慢，心里就盼着快点到下课时间……这些事情，你有没有想过为什么？虽然钟表的指针不快不慢地匀速前进，但是心情不一样，感受到的时间长短也不一样。比如，快乐的时候就觉得时间短暂，无聊的时候就觉得时间漫长。这是因为无聊的时候，你希望快点结束，就不停地看表，注意力全部集中到时间的流逝上。随着看表次数的增多，在心理作用下，你就觉得时间过得很慢。相反，你开心、快乐的时候，是不会把注意力放在时间上的，当然就觉得时间过得快啦。

感到时间 漫长

· 被老师和爸爸妈妈批评的时候

· 赶时间却要等信号灯的时候

· 感到无聊，没事可做的时候

感到时间 短暂

· 看喜欢的电视节目的时候

· 考试中急着答题的时候

· 上学赶校车的时候

足球比赛也这样，在比分落后的情况下，因为急于进球，就觉得时间过得很快；如果比分领先，不想让对方进球，就觉得时间过得很慢。

第 2 部分

养成
时间观念

为了管理好时间，首先必须要养成时间观念。
这很重要！那么，怎样养成时间观念呢？

原以为 1 小时就能做完，可实际上
1 小时根本不够用……

看来小美还没养成时间观念。下面我们
就一起学习如何养成时间观念吧！

小秋——
作业写完了吗？
（哔——哔——）
知道了，
待会儿就写……
晚饭时
明天要上
写字课吧？
毛笔洗好了吗？
哦……
吃完饭
马上洗。
嗯，
就快写完了！
咦？
现在才
写作业？！

什么是时间观念？

要想管理好时间，就必须养成时间观念。

什么是时间观念？

时间观念就是对时间的观察和感知，比如，你觉得现在是几点钟，做事情大约需要多少时间，等等。如果没有时间观念，就算让你快点儿做，你也不知道到底做多快才行。所以，必须要养成时间观念，这是提高管理时间的能力的前提条件！

怎样才能养成时间观念？

儿童从 6 岁开始就要学习认识钟表上的时间。这时，他们已经能感觉到时间的流逝，但是因为年龄太小，时间观念还不强。通过观察钟表上的时间，可以帮助他们提高对时间的感知能力。经过不断的训练，时间观念就会越来越强。

现在你的时间观念有多强呢？做做下页的练习，测测看！

小练习
提高时间管理力
想想看！

1 以下哪些事情能在 10 分钟内做完？
（在选项前面的□内画"✔"）

□ 准备第 2 天上学的物品　　□ 做咖喱饭

□ 足球比赛　　　　　　　　□ 听一首喜欢的歌

□ 洗衣服　　　　　　　　　□ 看一场电影

有些事情用 10 分钟的时间是做不完的……

2 考虑一下 3 分钟和 30 分钟能做完的事情。

3 分钟能做完的事情

30 分钟能做完的事情

没有标准答案，可以自由发挥！

估计时间!

3 你觉得现在是几点钟?不要看表,估计一下。

大概是 ⬚ 时 ⬚ 分 吧?

看看表
确认一下准确时间!

⬇

实际是 ⬚ 时 ⬚ 分。

估计的时间和实际的时间相差多少?时间估计得越准确,你的时间观念就越强!

4 准备好计时器,闭上眼睛开始计时,看看能不能在 1分钟 到时按停计时器。

5

从你家到学校或公园这些常去的地方，
通常需要多少时间？先估计一下时间。

家 　　　　　　　　　　　　　　　　学校

估计

实际

分钟 → 〰〰 分钟

家 　　　　　　　　　　　　　　　　公园

估计

实际

分钟 → 〰〰 分钟

再记录下实际需要的时间。

估计的时间和实际需要的时间完全不一样！

正因为时间估计得不准确，才会迟到啊。

平时做其他事情，你要有意识地测算所需时间。
养成习惯后，你的时间观念会越来越强！

回顾你对1天的时间管理

为了增强时间观念，先回顾一下你是如何管理1天的！

你是如何管理1天的？

你每天写多长时间作业？做多长时间课外活动？知道自己在每件事情上花费了多少时间，是提高时间管理能力的一个必要条件。时间看不见摸不着，那就把它写在纸上，看在眼里，也就心中有数啦。

回顾1天有窍门

1 去掉在校时间

在校期间，你的所有行动都按照课程表有序进行，所以，这里就去掉在校的时间，只考虑放学以后的时间。

2 所列事项要简要概括

事项不要考虑得太详细，要简单概括，比如，把睡前刷牙、换上睡衣等细节行为概括为睡觉前的准备工作。

3 电视开着就算看电视的时间

电视打开后，即使你没用心看，这些时间也被认为是你看电视的时间。

可用时间是多少？

通常情况下，小学生 1 天在校时间是 7 ~ 8 个小时，睡眠时间是 9 ~ 12 个小时，去掉这些时间，还剩多少时间呢？计算一下，1 天有 24 小时，减去 7 小时的在校时间和 9 小时的睡眠时间，还剩……

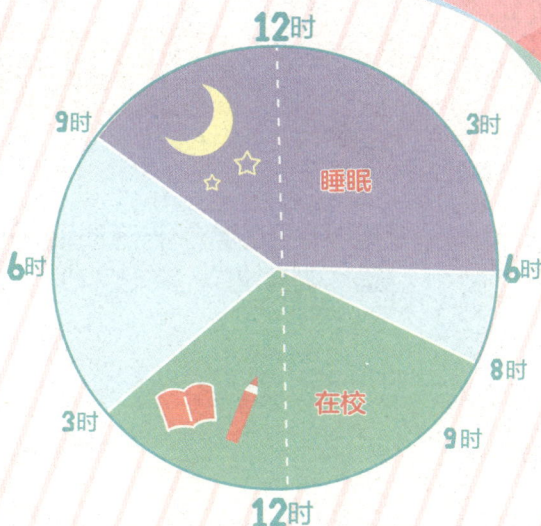

12时
9时
3时
睡眠
6时
6时
8时
3时
9时
12时
在校

$$24 - 7 - 9 = ?$$

通过计算，你发现自己能利用的时间并不多吧！

咦？一天能利用的时间只有 8 个小时呀？！

回顾你对时间的管理，列出事项清单

从放学回家到上床睡觉，时间有 5 ~ 6 个小时，我一时说不清楚这几个小时自己都做了什么……

看来每天你自己能管理的时间不过就几个小时，那你有没有想过以前都是怎么管理这几个小时时间的？下面，就先回顾一下自己都做了哪些事情。为了便于分析，可以列出事项清单，把你放学后做的事情填在第 34、35 页的表格里。

那就列个清单，写写自己 1 天里都做了哪些事情吧！

列出事项清单！

早晨 从起床到上学，把这段时间里做的事情全部写下来。
（星期一到星期五，哪天都行）

- ●
- ●
- ●
- ●
- ●
- ●
- ●
- ●

- ●
- ●
- ●
- ●
- ●
- ●
- ●
- ●

我想想……刷牙、洗脸、吃饭、换衣服，还有背英语单词！

下午
~晚上

从放学回家到晚上睡觉，把这段时间里做的事情全部写下来。

生活有规律很重要

每天早睡早起，培养时间感知能力

要管理好时间，首先要养成每天早睡早起的习惯。人体有生物钟（参见本书第126页），早晨太阳升起时我们会醒来，夜晚来临时我们就想睡觉。生物钟的运行周期大约是24小时。一旦生物钟紊乱，身体就会出现问题。

如果每天生活有规律，身体就能感知时间的长短，时间观念就会越来越强。

不要忽视生活必需时间

每天按时吃饭睡觉，这是健康的生活方式。处在成长发育期的小学生尤其应该注意，不要因为学习忙，就不按时吃饭、不按时睡觉，否则不利于身体健康成长。右边这些时间是生活必需时间，一定不要忽视。

生活必需时间

● 睡眠时间

● 吃饭时间

● 洗澡时间

● 梳洗整装时间

听说小学生每天的睡眠时间应该达到9 ~ 12个小时呢。

睡眠不足，都有哪些危害？

影响生长发育，导致肥胖

睡觉时，人体分泌生长激素，有助于皮肤修复和生长发育。如果睡眠不足，生长激素分泌就会减少，促进食欲的激素反而会增加，这样，不仅不利于生长发育，还能导致肥胖。

大脑和身体功能下降

睡觉时，身体和大脑都能得到休息。如果睡眠不足，大脑就反应迟钝，记忆力和思维能力都会下降。

变得焦躁不安

晚上睡觉晚，长时间在强光照射下，大脑会受到刺激，引起情绪不稳定和心理不平衡，人就会变得焦躁不安。

容易生病

睡眠不足时，保护身体不受疾病侵袭的人体免疫功能会下降，人就容易生病。

白天没精神

晚上睡得少，白天就犯困，上课时不是发呆就是打瞌睡，根本没有精神学习。

原来睡眠不足对身体危害这么大呀……

早晨自己起床

每天早晨要自己起床

早上你都是靠自己起床吗？时间是自己的，所以早晨也应该靠自己起床。没人叫醒你，你就起不来床，说起来有点难为情吧。可以准备一个闹钟，设定好起床时间，让自己按时起床。

> 早晨起床，太费劲啦！每天早上都是妈妈叫我，才好不容易起来的……

> 我也是！好不容易起来了，还是迷迷糊糊，想躺下再睡……

> 看来你俩都一样，是不是晚上睡得太晚，睡觉前还做一些事情呀？

早晨能否按时起床取决于睡觉前你都做了什么

首先，看看自己早晨睡不醒是不是睡眠不足造成的。小学生一定要有 9 ~ 12 个小时的睡眠时间。研究表明，如果睡觉前看手机和玩游戏，手机屏幕发出的蓝光会使人异常兴奋，不想睡觉，这对睡眠十分不利。

轻松起床 对策多多！

对策 1 做好睡前准备

把闹钟放远点

如果把闹钟放在身边，铃响时，你就很容易随手关掉闹钟，继续睡觉。如果把闹钟放远点，听到铃声，你要起身去关掉它，这样一来就能减轻睡意，不会轻易倒下再睡。

对策 2 做好睡前准备

换上睡衣睡觉

睡衣是用来睡觉穿的，宽松、肥大，不会束缚身体，穿着睡觉非常舒服，能提高睡眠质量。睡眠好了，第2天早晨起床就感觉非常轻松！

对策 3 做好睡前准备

泡个温水澡

研究表明，睡觉前泡个温水澡或是冲个淋浴，能够促进身体的血液循环，让身心得到放松，有利于睡眠。因为睡得快、睡得香，第2天起床就很有精神！

对策 4 晨起小功课

提拉双耳

耳朵上有很多穴位。早晨起床后，用双手提拉双耳，能刺激耳部穴位，促进全身血液循环，让人清醒起来。

对策 5 晨起小功课

拉开窗帘，沐浴阳光

沐浴在阳光中，能很好地调节人体生物钟。因此，起床后马上拉开窗帘，让阳光照进房间，用这种最朴素最自然的方式唤醒自己，效果最好。

自己制订校外日程表

为了管理好有限的时间，应该制订校外日程表

放学后，你有很多要做和想做的事情，比如写作业、上兴趣班和玩耍。但是时间有限，要在几个小时内完成这些事情，制订计划就十分必要。只要制订好计划和日程表，并且能认真执行，就不会发愁时间管理不好！

制订计划……我实在不擅长啊。

没关系！按照以下步骤去做，非常轻松！

校外日程表的制订方法

1 写出放学后要做的事情

从下午放学回家到晚上睡觉之前，把要做的事情全部写下来。

➡见第 42 页

2 把记事条按颜色分成两类

把要做的事情分成两类：必须做的事情和想做的事情，分别写在两种颜色的记事条上。

➡见第 46 页

3 考虑什么时间做

考虑清楚什么时间做必须做的事情，什么时间做想做的事情，把记事条粘贴在对应的时间上。

➡见第 49 页

4 检查先后顺序

检查记事条粘贴的时间位置是否合适，关键是检查先后顺序是否合适。

➡见第 54 页

5 重新粘贴记事条

重新调整先后顺序，把记事条粘在合适的时间上。

➡见第 58 页

6 完成校外日程表

根据记事条和对应的时间，填写校外日程表。

➡见第 60 页

按照类型

制订日程表的诀窍

爱丽丝型……

诀窍 1

持续做一件事情时，中间要有休息时间。否则，不仅会感到厌烦，也会降低效率。

诀窍 2

休息时间不能太长，否则事情就会做不完。可以用计时器设定时间，在该做的时间里认真去做，休息时间一到就稍作休息，确保劳逸结合。

灰姑娘型……

诀窍 1

计划时间要宽松一些。如果时间太紧凑，就容易出问题，计划也会进展得不顺利。

诀窍 2

按照计划，用计时器设定时间，在规定时间内全力以赴。建议把什么时间要做什么事情写在白板上，以免忘记。

白雪公主型……

诀窍 1

当天要做的事情不要安排得太多，有些事情可以安排在本周其他时间做。

诀窍 2

计划里要有自己想做的事情和休息放松的时间。因为不会拒绝人，所以要先做完自己的事情再去帮助别人。

辉夜姬型……

诀窍 1

计划进展不顺利时先调整心情，再调整计划，可以改天再做，也可以继续做。

诀窍 2

因为对自己想做的和喜欢做的事情充满热情，所以一定要留有时间做喜欢做的事情。为了做喜欢的事情，做其他事情也会全力以赴的。

制订校外日程表

1 写出放学后要做的事情

首先明确要做的事情

小飒 ｜ 要做的事情

为了管理好时间，制订计划时，首先必须明确要做哪些事情。要做的事情除了写家庭作业，还有吃饭、洗澡等生活小事（见第 36 页）。我们这里只考虑下午放学回家到晚上睡觉之前这段时间的日程安排，请参照第 35 页的表格，把要做的事情全部写下来。

- 写家庭作业
- 踢足球
- 洗澡
- 吃晚饭
- 学习网上课程
- 练字
- 英语听力练习
- 放松一下
- 准备明天的上学物品

做好准备 ｜ 准备 2 种颜色的记事条！

写出全部要做的事情，再把它们分为两类：必须做的事情和想做的事情（见第 46 页）。然后准备两种颜色的记事条，要求记事条既能粘贴在白板上，又能轻松地揭下来。

家里没有记事条时，可以裁剪第 43、44 页，自己制作记事条！

记事条的制作和使用方法

沿着虚线裁剪第 43、44 页，制作记事条。

1 先把第 43、44 页裁剪下来。

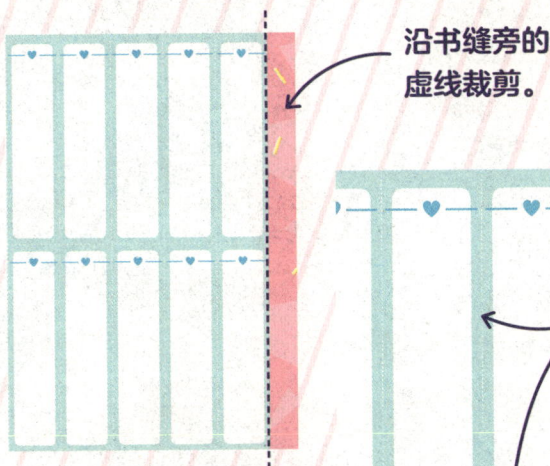

沿书缝旁的虚线裁剪。

2 再分别沿横虚线和纵虚线裁剪，做成一个个记事条。

裁剪后！

3 最后用胶带粘贴记事条。

制订校外日程表

2 使用两种颜色的记事条

分别写出必须做的事情和想做的事情

把全部要做的事情分成必须做的和想做的两类，分别写在两种颜色的记事条上。比如：写作业、吃晚饭是必须做的事情，写在一种颜色的记事条上；练字、画画是想做的事情，写在另一种颜色的记事条上。

或者

想做的事情

画画

写家庭作业

必须做的事情

把记事条粘在第 47 页的表格里。

小练习 粘贴记事条！

必须做的事情	想做的事情

粘贴记事条时发现问题了吗？

记事条

小美

重新检查一下记事条，发现了什么问题？

必须做的事情

★ 弹钢琴	★ 写家庭作业	★ 写兴趣班作业	★ 洗澡
★ 吃晚饭	★ 准备明天的上学物品	★ 整理房间	★ 帮做家务（清洗餐具）

想做的事情

♥ 休息放松	♥ 看电视（音乐频道）	♥ 阅读	♥ 和同学去书店
♥ 练字	♥ 画画	♥ 做手工	♥ 英语听力练习

必须做的事情怎么这么多啊？！

想做的事情也不少！这么多事情能在放学以后做完吗？

制订校外日程表

3 考虑什么时间做

先考虑什么时间做这些事情，再粘贴记事条

考虑一下从放学回家到睡觉之前这段时间内，什么时间做必须做的事情，什么时间做想做的事情。

然后，把记事条粘在第 50、51 页的图表里。你的时间你做主，考虑清楚后就粘贴记事条。

虽然时间上我说了算，可还是得抓紧才行。洗澡前必须完成作业。

我下午一般 3 点半到 4 点之间到家，晚上 9 点半睡觉，总共约有 6 个小时的时间，可以……。我还想赶在天黑前练足球。

先根据自己的想法，决定做事情的时间，再粘贴记事条。

粘贴记事条！

思考在放学以后到睡觉之前这段时间里，
记事条上的事情都准备在什么时间做，
再把记事条粘在下图合适的位置。

下午
3点　　　　　**4**点　　　　　**5**点　　　　　**6**点

做法

1 在下面的长横线上标出放学到家的时间（大致位置即可）。

2 标出晚上睡觉的时间，下面写上"睡觉"。

3 思考记事条上的事情都准备在什么时间做，再粘贴记事条。

晚上

7点　　　　　　**8**点　　　　　　**9**点

检查图表，
发现了什么问题？

把记事条全部粘在第 50 ~ 51 页的图表上了吗？粘好后检查图表，发现了什么问题？你是不是觉得要在放学以后到睡觉之前这 6 个小时内，完成这么多必须做的和想做的事情，非常困难啊？

小美

记事条

下午					晚上
3点	4点	5点	6点	7点	8点 9点

和同学去书店

练字

做手工

写家庭作业

写兴趣班作业

整理房间

吃晚饭

阅读

睡觉

待定（看电视）

画画

弹钢琴

准备明天的上学物品

英语听力练习

帮做家务（清洗餐具）

洗澡

休息放松

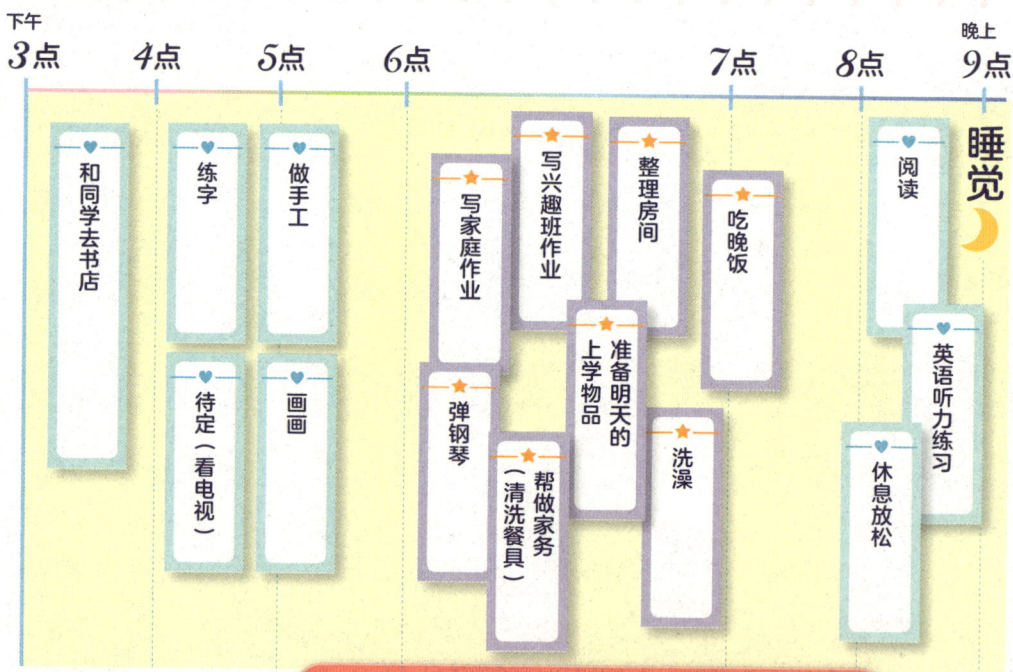

6 点到 8 点这两个小时都是必须做的事情，
7 点还要吃晚饭，时间有些紧张。

想做的事情也不少，有一些集中在
8 点到 9 点之间，能做完吗？

小练习

把发现的问题写下来!

对照上面的表格，把你想到的全都写下来。

4 检查先后顺序

对自己来说，哪些事情重要，哪些事情紧急？

应该按照什么原则把记事条粘在第50 ~ 51页的图表上呢？每天要做的事情很多，如果没有顺序盲目去做，到了该睡觉的时间你可能都做不完。写作业之类当天必须做的事情，当天必须认真完成，因为这类事情非常重要，也非常紧急。所以，一定要按照事情的轻重缓急程度制订日程表，这样才能管理好时间。

什么事情重要？

如果不去做，就会对你非常不利，这样的事情很重要，比如吃晚饭。另外，无论如何都想做的事情也很重要。

什么事情紧急？

必须尽快完成的事情就很紧急，比如，写作业和身体不舒服需要去医院相比较，去医院就很紧急。

通过作图，确定先后顺序吧！

你可以制作右面的图表，也可以使用第 56 ～ 57 页的图表，把写有必须做的和想做的事情的记事条按照要求粘到合适的位置，根据事情的轻重缓急，整理出事情的先后顺序。

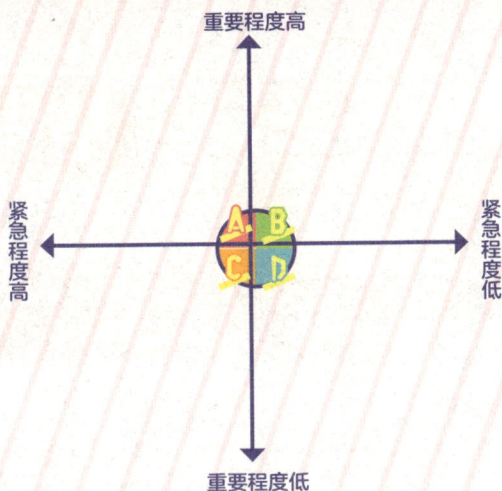

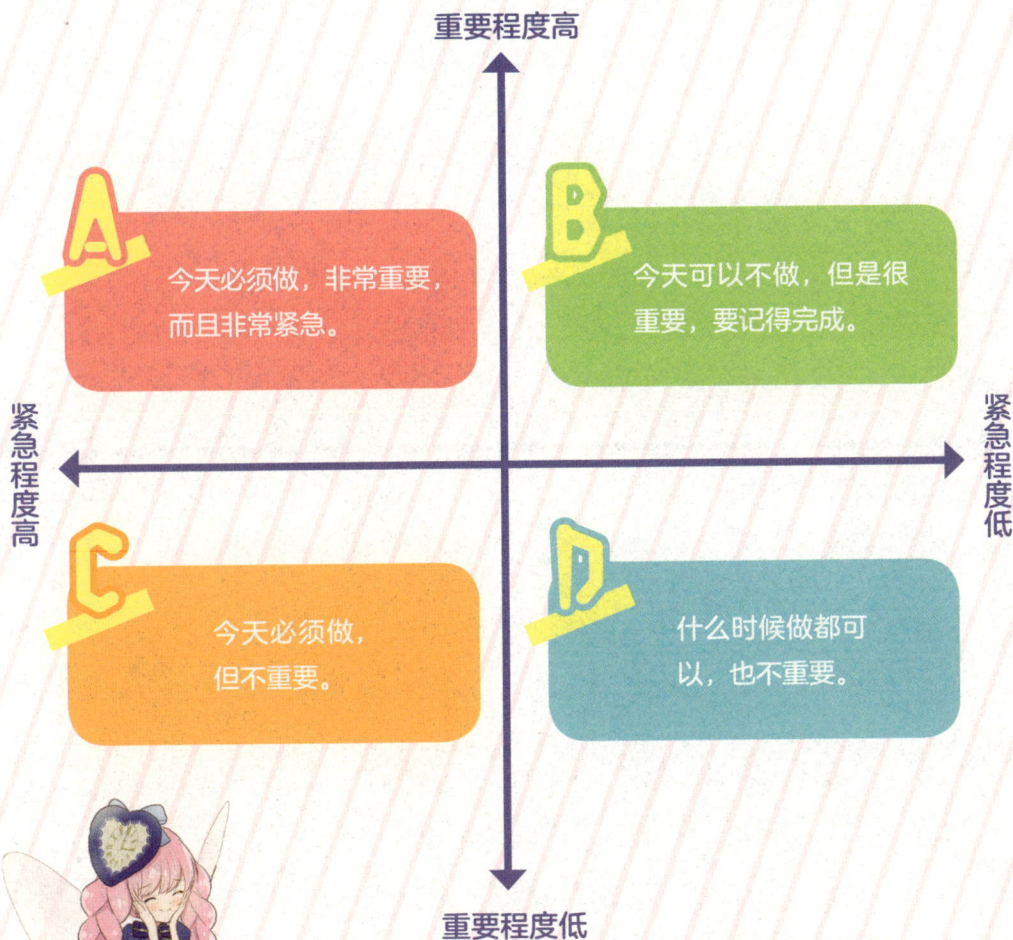

重要程度高

紧急程度高 —— 紧急程度低

重要程度低

重要程度高

A 今天必须做，非常重要，而且非常紧急。

B 今天可以不做，但是很重要，要记得完成。

紧急程度高 ←——→ 紧急程度低

C 今天必须做，但不重要。

D 什么时候做都可以，也不重要。

重要程度低

这样一整理，先做哪件事后做哪件事就一目了然，你马上就能行动起来！

粘贴记事条！

写作业是今天必须做的事情，很重要，应该是 A。

紧急度程高

练钢琴嘛，因为离演奏会还有一段时间，所以不太重要，但是每天不练不行，天黑前必须练完，应该是 C。

重要程度高

借阅的图书明天要还，今晚得看完。线上课程可以改天再学，应该是 B。

紧急程度低

可能有人不选 C 和 D，这种情况下，就从 A 和 B 中找出特别紧急的事情，这些事情要最先做！

重要程度低

5 重新粘贴记事条

放学回家先弹钢琴再写作业，写完作业，再做手工，然后吃晚饭！

确定事情的先后顺序，同时确定要做的时间

确定事情的先后顺序，见第 56 ~ 57 页，把重要的事情和紧急的事情安排在前面做，并确定做这些事情的时间。今天不必做的事情，可以安排在这周其他时间做（见第 82 页）。

小练习 想想看！

★ **重新粘贴记事条的要点**

● 先考虑重要的和紧急的事情，再确定做这些事情的时间。

● 先做必须做的事情，再做想做的事情！

● 看看有没有必要把全部记事条都粘在图表上。有些记事条上面的事情今天可以不做，有些事情也不重要，这些事情都可以在休息日或者其他时间做，把这样的记事条挑选出来，不必粘在图表上。

下午 3点 4点 5点 6点 7点 8点 晚上 9点

睡觉

和同学去书店

练字

弹钢琴

写作业

帮做家务（清洗餐具）

吃晚饭

做手工

准备明天的上学物品

洗澡

英语听力练习

这就是我做的日程表！

使用记事条的小妙招

阅读

洗澡

写作业

弹钢琴

把必须做的事情和想做的事情分别写在两种颜色的记事条上，再按事情的先后顺序把记事条粘在白板上，放在显眼的地方。对照白板，每做完一件事情就揭下一张记事条，这样既能防止遗漏，又很有成就感！

如果时间紧张，不能按照 1~5 的步骤制订日程表，就可以用简单的办法，只通过不同颜色的记事条区分想做的事情和必须做的事情，这样很省时间！

小练习 填写校外日程表

制作方法

❶ 可以复印第 61 页的校外日程表，也可以自己制作校外日程表。

❷ 参照下表，认真思考做每件事需要的时间，填写日程表。

小飒

校外日程表

因为我想踢好足球，所以每天必须练球和跑步。

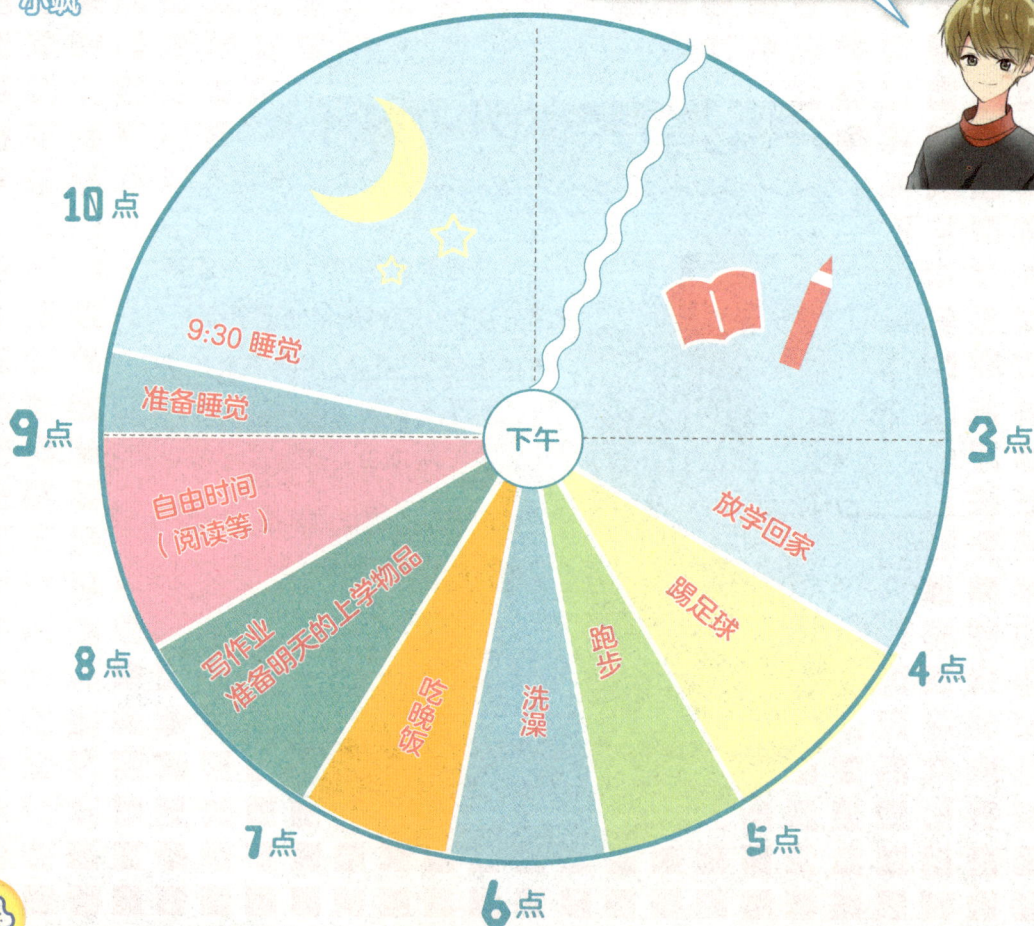

下午

10 点

9 点

8 点

7 点

6 点

5 点

4 点

3 点

9:30 睡觉

准备睡觉

自由时间（阅读等）

写作业

准备明天的上学物品

吃晚饭

洗澡

跑步

踢足球

放学回家

的校外日程表

下面，请你制作自己的校外日程表。

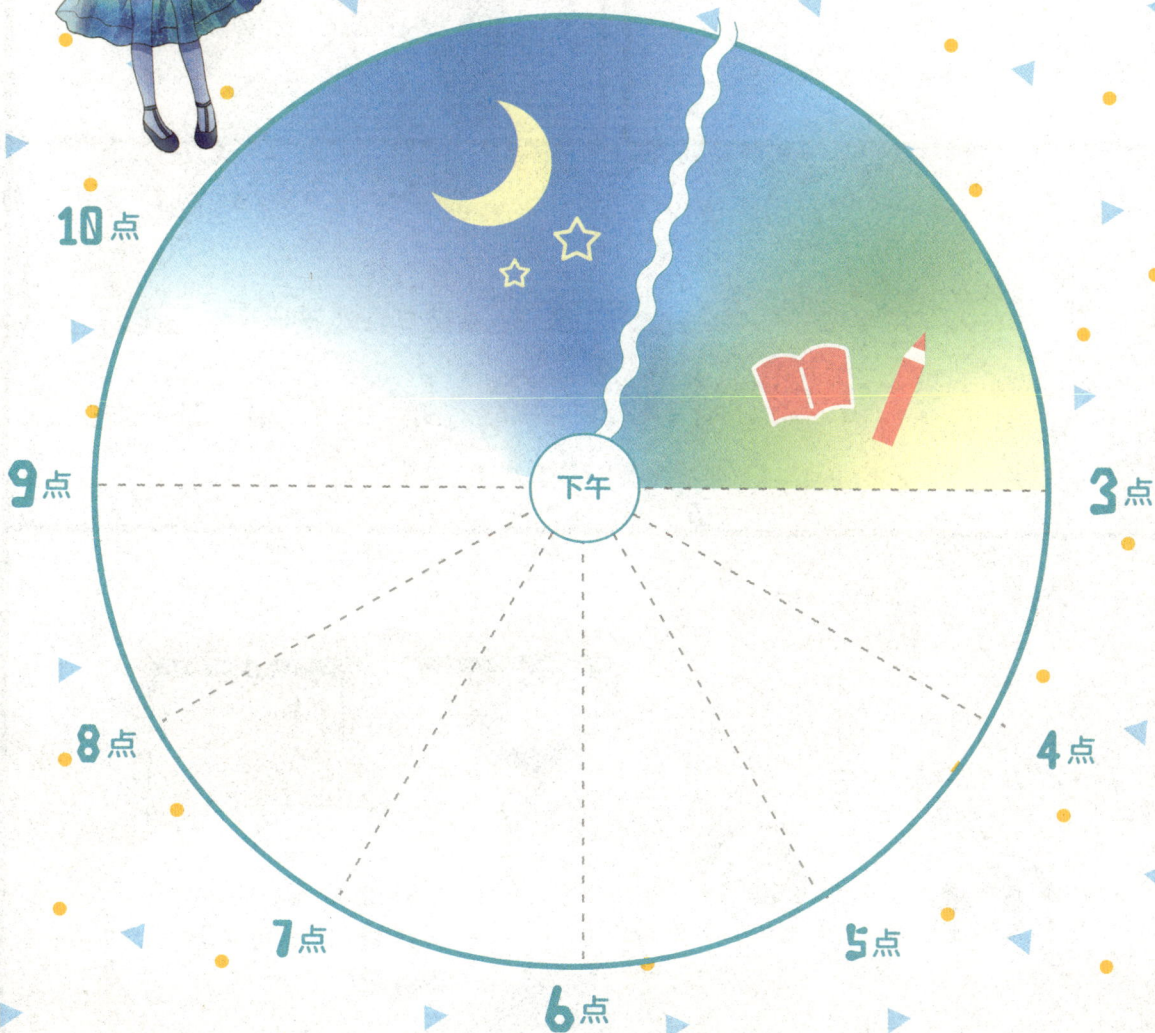

10点

9点

8点

7点

6点

下午

3点

4点

5点

这样管理时间，太完美啦！

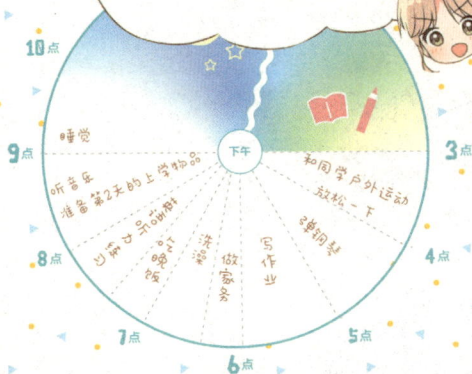

10点
9点
8点
7点
6点
5点
4点
3点

下午

睡觉
听音乐
准备第2天的上学物品
和同学户外运动
放松一下
刷牙刷题
晚饭
做家务
写作业

啊！作业还没写完就已经7点了！！

我没按日程表进行啊……

不要自责！没按日程表进行，这是常有的事！

下面就看看，哪些办法能让计划进展顺利吧！

62

怎样才能 让计划进展顺利?

即便是大人,在执行计划过程中也有不顺利的时候。这时,就要调整计划内容和执行方式!

计划虽经认真考虑, 但有时也会进展不顺利

经过认真考虑,计划最终制订下来。但在执行时,却经常发现问题很多,比如,时间不够用、事情做不完……各种不顺随之而来。为什么进展不顺利呢?主要是以下3种原因造成的。对照检查一下,看看你的计划进展不顺利是什么原因造成的,再找出解决办法。

计划进展不顺利 主要有 3 种原因

1 计划制订得不合适

虽然按计划做了,但是没按计划完成,原因很可能就是计划制订得不合适,计划过于死板,根本就完不成。

→ 请看第 64、65 页!

2 没有干劲

计划制订后,想按照计划做,但是又觉得麻烦,思前想后迟迟不动手。既然制订了计划,就应该好好考虑一下怎样才有干劲这个问题。

→ 请看第 66 ~ 69 页!

3 精力不集中

开始还能按照计划做,后来精力不集中,做了其他事情,分散了精力。再想接着做时,早过了预定时间……

→ 请看第 70、71 页!

计划进展不顺利 之 1 计划制订得不合适

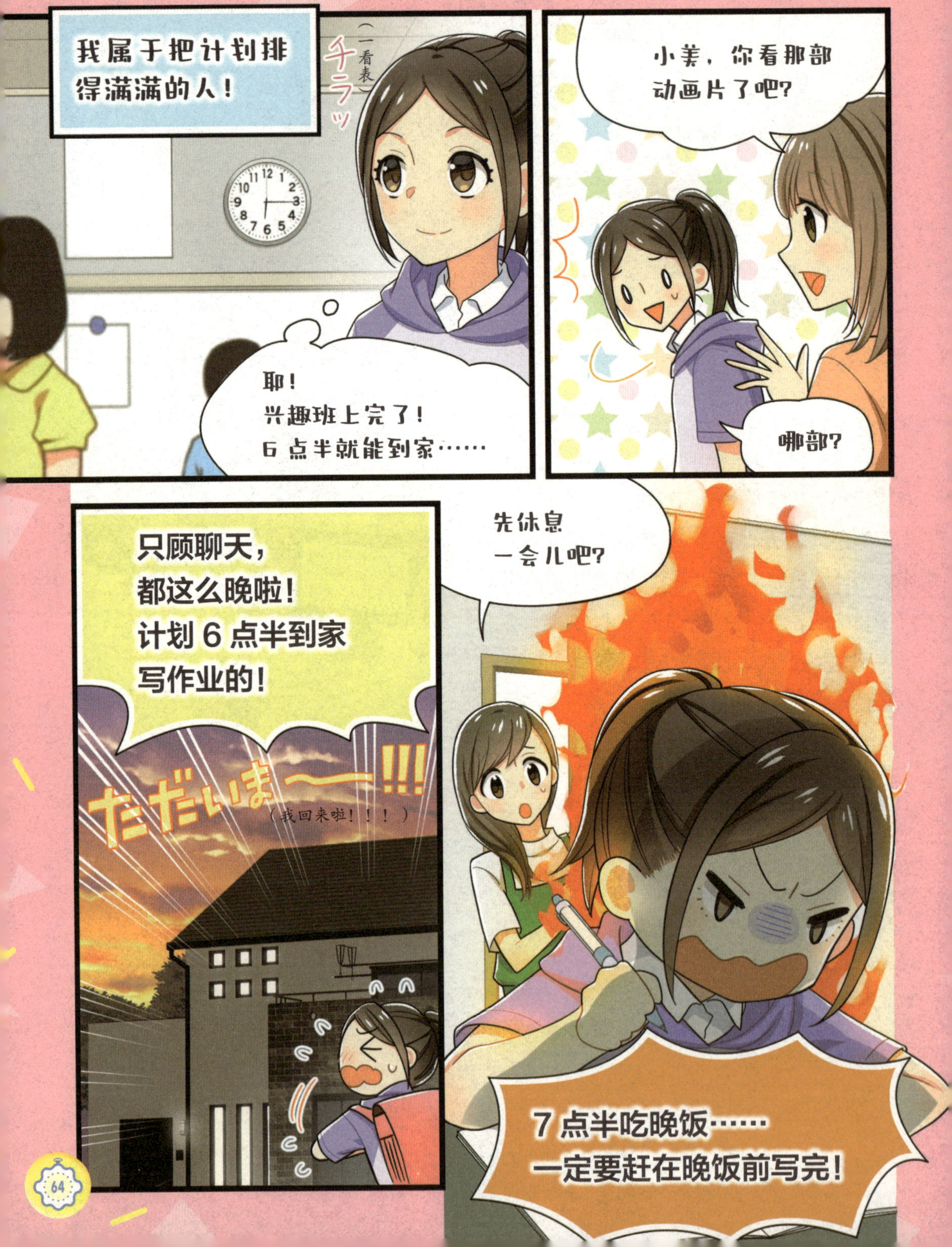

〈 可以这样解决…… 〉

计划的事情要合理

虽然按照计划去做，但是没在计划时间内完成，这是实际完成时间和计划完成时间不一致造成的。首先看看计划要做的事情是不是太多，如果太多，就根据事情的轻重缓急，把不必当天做的事情调整到休息日或其他时间再做。

制订计划 → 做做试试 → 看看有无不合适的地方 → 重新调整计划，制订切实可行的日程表。

写作业

计划用时30分钟

实际用时

富余时间

0

30分钟

计划的时间要充裕

比如，计划 10 分钟内写完作业，一旦10 分钟内写不完，就会增加写作业的时间，计划就不能顺利完成。所以，计划时间要充裕。又比如，上兴趣班来回路上的时间不要计划得刚刚好，要多留 5 ~ 10 分钟，以防遇到堵车等意外情况。

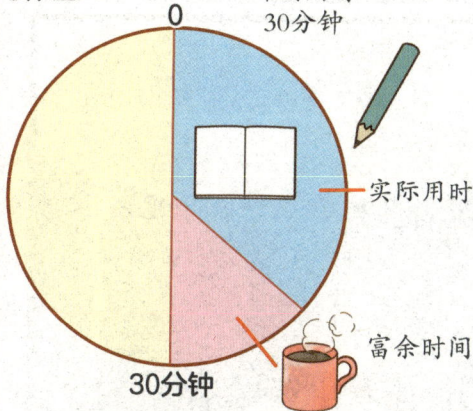

必须安排休息时间

尽管要做的事情很多，但是如果为了完成计划，一直忙个不停、不去休息的话，不仅专注力和做事效率会下降，身体也会吃不消。所以，制订计划时，必须安排休息时间，做到劳逸结合，确保计划顺利完成。

长时间学习会感到疲劳，反而越学越没效果。

可以这样解决……

越想越觉得难，就会没有干劲

行动之前，如果觉得"太难啦""真麻烦""我不行"，你就会越来越没有干劲。实际上，要做的事情没有你想象得那么难！与其过多考虑困难，不如采取实际行动，行动能说明一切。另外，把一件事情分解成几个步骤，按顺序去做，就能降低难度。

太累了！

唉……

真麻烦！

练不好字

怎么会有数学这门课！

不赶紧写完又要挨训！

想看的电视剧开始了……

（胡思乱想）

积极乐观，鼓足干劲

如果带着厌烦的心情做事情，不仅很痛苦，还很难做下去。我们的行动受大脑指挥，厌烦时，就会拖拖拉拉不想行动。相反，如果认为"我能行"，这种积极心态能让自己迅速行动起来，事情很快就能做完。所以，即便有些事情你不擅长或感到厌烦，你也要改变想法，只有积极乐观、鼓足干劲，计划才能顺利完成。

比如……

· 练习造句时，可以用你喜欢的人物的名字作主语。

· 做计算题时，可以使用定时器，提高计算速度。

怎样才能有干劲?

使用定时器 ①

上页讲到，做计算题时，可以用定时器定时，用最快的速度做题，既能提高答题劲头，又能尽快完成计算作业，一举两得。

每学习 15 分钟就休息 5 分钟

研究表明，小学生持续集中精力的时间通常是 15 分钟，所以，可以集中精力学习 15 分钟后，休息 5 分钟。休息过后，就又有了干劲。

使用定时器 ②

如果觉得长时间学习难以集中精力，就用定时器设定一个稍短一点的时间，比如 15 分钟，确保这 15 分钟能集中精力学习。

使用记事条，粘在明显的位置

把要做的事情写在记事条上，粘在白板或是其他比较明显的位置。一看到记事条上的事情，就能鼓起干劲，继续做下去。

分步去做

如果事情非常难办，你还可以分步去做。每完成一步，你就有了继续做下去的勇气和信心，也就觉不出有多么困难了。比如写调查报告，可以按照以下几个步骤来写：确定主题、选择书籍、查阅书籍、调查分析、整理总结。

你可以用本书介绍的方法，也可以用其他方法。只要掌握了提高自己干劲的方法，你就能挑战各种事情！

最终目标

第一步要简单易行

分步做时，第一步必须简单易行，第二步才能继续做下去。比如做汉字听写作业时，第一步是做好听写准备，从书包里取出笔和听写本，放在书桌上。第二步才是听写，一个字一个字仔细听、认真写。

经常奖励自己

"写完作业就吃巧克力。"你可以为自己准备一种奖励方式。比如，计划每天要练15分钟钢琴，那就做张积分卡，每练完一次钢琴就盖上一枚小印章。小印章积满后，就准备一份特别的奖励给自己。这样做能增加干劲，激励自己完成计划！

不要强求完美

行动之前，一味考虑困难，就会影响干劲。其中，有些人因为过于追求完美，不允许自己出现差错，就谨小慎微，行动缓慢。谨慎行事固然重要，可是，在家写作业是为了巩固课上学到的内容，这种强化练习允许出错，有错就改，学习才能进步。

积分卡

可以这样解决……

使用定时器，专心学习15分钟

前面讲过，小学生高度集中精力的时间通常是15分钟。既然决定学习15分钟，就用定时器定好时间，专心学习15分钟，不做其他事情。这样管理时间，张弛有度，非常重要。

滴滴滴滴……

15 : 00

分　　秒

开始
结束

确保学习环境整洁有序

学习时，书桌上不要摆放与学习无关的物品。如果书桌上放了漫画书或是游戏机，学习时看到它，就会分散精力，不能专心学习。书桌和房间整洁有序的人通常都能管理好时间。

把学习计划告诉家人

你可以大声告诉家人："我现在要写作业了！"这样做，不仅能给自己加油鼓劲，还能带动家人督促自己学习，想和你一起玩耍的兄弟姐妹也不会影响你学习啦！

话一出口，就要说到做到，不能偷懒了！

务必控制看电视、上网和玩游戏的时间

控制看电视、上网和玩游戏的时间，适度放松娱乐

通过制订校外日程表，你会发现放学回家要做的事情很多，如果不加控制地看电视、上网和玩游戏，许多重要的事情就不能按时完成。电视节目、网络动漫和游戏都很吸引人，一旦沉迷其中，时间很快就过去了。所以，一定要控制自己看电视、上网和玩游戏的时间，适度放松娱乐。

如果电视一直开着，即使原本不想看，你也会看下去，最后时间不知不觉就过去了……

看喜欢的电视节目当然很开心，可如果边看电视边写作业，或是没完没了地看个不停，就会影响学习效率和学习效果。

控制看电视、上网和玩游戏的时间的诀窍

自己规定好时间

既然日程表是自己制订的，你就要规定好自己看电视、上网和玩游戏的时间，并且认真执行。

把时间规定告诉家人

把你对自己做的时间规定告诉家人，让他们督促你严格遵守执行。有的家庭还规定：如果孩子玩游戏超过了规定时间，就禁止他再玩游戏。在这里，希望你要主动遵守时间规定，不要因为怕受惩罚才遵守时间规定。

看网络动漫和小视频，一定要控制好时间

现在，网络上有很多动漫和小视频，想看随时都能看，比电视节目更吸引人，但是你一定要控制好时间。可以用定时器或闹钟设定好时间，这很重要。

要是一天玩太多时间的游戏，就会耽误做其他的事情，最后手忙脚乱的还是自己……

规定看电视、上网和玩游戏的时间

看看第 61 页制作的校外日程表，
你能有多少自由时间做自己想做的事情呢？

自由时间

> 每天　　　　　　小时

★ 其中，看电视、上网和玩游戏的时间是多少？

看电视、上网和玩游戏的时间

> 每天　　　　　　小时

> 我每天有约 2 个小时的自由时间。因为爱踢足球，所以踢球要用去约 1 小时 20 分钟，剩下约 40 分钟可以看电视、上网或玩游戏。

2 你想看哪些电视节目？把想看的电视节目写在下面。

星期一	（ ： ～ ： ）
星期二	（ ： ～ ： ）
星期三	（ ： ～ ： ）
星期四	（ ： ～ ： ）
星期五	（ ： ～ ： ）
星期六	（ ： ～ ： ）
星期日	（ ： ～ ： ）

★以上电视节目中，你最想看哪些？
圈出你最想看的 3 个电视节目。

3 考虑清楚看电视、上网和玩游戏的时间，
把自己规定的时间写在下面。

我规定自己星期一到星期五不玩游戏，
星期六玩 40 分钟游戏。

管理好时间的技巧

上兴趣班等公交车的时候，晚上洗澡还没轮到你的时候，这样的空闲时间虽然短暂，但是如果能管理好、利用好这些碎片时间，你就会有意想不到的收获！

利用碎片时间

碎片时间指的是等妈妈就要做好饭菜之类的空闲时间。这样的时间长短不过 5 分钟、10 分钟，能不能利用起来做点事情呢？仔细想想，可以做第 2 天上学的准备或是朗读、背诵之类的作业吧。

聚沙成塔，积少成多

每天就拿出很短的 5 分钟左右时间，1 个月累积下来就是 150 分钟左右。这么一算，时间还是很长的，可以做一些很耗费时间的事情。比如，读一本厚书，如果每天利用 5 分钟时间读上几页，一两个月或者一年半载肯定就能把书读完。

5分钟！

了解大脑的活跃期

一天当中，随着时间的变化，大脑的活跃程度也会发生变化。有些时间适合学习，比如：上午时，大脑在写文章和编程上表现活跃，能从上午 10 点钟一直持续到下午 2 点钟；下午 4 点钟到晚上 8 点钟，大脑在计算上表现活跃；深夜时分，大脑不能集中注意力，需要休息。

顺便说一下，身体运动的活跃期是下午 4 点钟到晚上 8 点钟。刚好和我踢球的时间一致。

能管理好时间的人，都有以下管理时间的技巧。看看哪些适合你，可以学着做！

要利用好早晨时间

下午放学后要做的事情太多，有些可以在第2天一早做。比如，放学后要上兴趣班，学习时间就很紧张，这时，可以把朗读、背诵作业或上学前的准备工作安排在第2天早晨起床后完成。切记，一定要在睡眠充足的情况下早起。

不要分散精力

同时做两件事情，就会分散精力，结果往往是一件事情也没做好。比如边看电视边写作业，肯定是电视看不尽兴，作业也没认真完成。既然已经决定写作业，就关掉电视，一心一意写作业，不要让电视节目分散你的学习精力。

适当休息

长时间学习时，适当休息要比不休息学习效率高。但是，休息时间不能过长，否则反而会降低学习效率。在考试前背诵知识点时，感觉累了就休息一会儿，休息好再背，这样记忆效果更佳。

储存时间

设立"时间账户"，认真储存时间。比如做张积分卡，只要按照计划，每做完一件必须要做的事情，就给自己积1分。再比如，只要提前做完一件事情，就把一颗弹珠放进瓶里，等瓶子满了，说明自己提前做完了很多事情，也就节省下很多时间。就利用这些节省下来的时间，和家人一起外出游玩，好好庆祝一下吧。

珍惜让你兴奋、快乐的时间

让你兴奋、快乐的时间是一生最宝贵的时间，做你喜欢做的事情，牢牢把握这些美妙的时间。

不要忽视想做的和喜欢做的事情！

按计划完成必须做的事情不是管理时间的终极目标。把时间用在自己想做的和喜欢做的事情上，管理时间才有意义！只有做自己想做的和喜欢做的事情，才会劲头十足、开心、快乐。再仔细看看你的校外日程表，别漏掉你想做的和喜欢做的事情。

珍惜时间，做喜欢的事情！

喜欢的事情多种多样，包括读书、弹钢琴、做手工、参加体育运动、和宠物玩耍等等。哪些事情让你着迷、兴奋？哪些事情又能给你带来开心和快乐？请你好好珍惜这样的时间。

真正喜欢做的事情有哪些?

**没人让你做、
你也想做的事情!**

真正想做的事情: 没人命令你做、没人鼓励你做, 你也想做的事情。

也就是说, 你发自内心想做的事情才是你真正喜欢做的事情。

**让你痴迷、
感到开心和快乐的事情!**

喜欢做的事情能让你痴迷, 带给你开心和快乐, 不知不觉时间过得很快。当然也有例外, 有些时候, 你喜欢做的事情其实并没有给你带来多少乐趣, 只是消磨时间而已。

倾听自己的心声

我们脑子里想的和心里想的经常会不一样。必须做的事情是经过大脑认真思考的事情, 想做的事情是内心渴望做的事情, 两者当然不一样。一味听从大脑的指令, 就听不到自己内心的声音, 时间久了, 内心会感到烦恼, 所以要养成经常追问自己内心的习惯, 时不时地问问自己:"我到底想做什么?"这样才能找到自己想做的和喜欢做的事情, 才能让自己开心、快乐。

大脑的指令
做完练习题马上听写汉字!

内心的声音
要做的事情太多, 累死我啦, 好想歇会儿呀……

让你兴奋、快乐的事情，你想做和喜欢做的事情，都有哪些？

1 做哪些事情时，你觉得时间过得很快？

2 一想到哪些事情，你就会激动和兴奋？

一想到假期又要和爸妈出去旅游，我就很兴奋。周末要上兴趣班，网上购买的心爱之物就要到了，这些都令我期待！

3 请你倾听自己的心声。
这时，你有哪些心里话想说呢？

家庭作业布置较多

大脑的指令

内心的声音

大脑的指令

离钢琴演奏比赛日越来越近

内心的声音

1天做不完的事情，可安排在1周内完成

确定事情的先后顺序，有些事情可以改天做

要做的事情太多了，当天可能做不完。这时，就先做重要的和紧急的事情，再做不重要、不紧急的事情，如果当天做不完，就改天做。比如，每个周要学习完成的线上课程和每天必须做的家庭作业相比，当然应该先做家庭作业。因为线上课程要求在当周完成，所以哪天时间充裕，再安排学习线上课程。

星期三要写家庭作业，还要上舞蹈课，星期六没有作业，那就星期六学习线上课程吧。

小美 的日程

因为星期三有舞蹈课，所以在家学习时间要比平时少1个小时。

★星期三要完成的事项

重要程度高

家庭作业

舞蹈课

线上课程

紧急程度高

A B
C D

紧急程度低

重要程度低

小练习 想想看！

1 把必须做的事情分成"当天完成"和
"本周完成"两类，写在下面。

当天完成	本周完成

2 事情最多因而最忙的是哪一天？

星期

3 最忙的那一天，哪些事情可以改天做？
准备安排在哪天做？

哪天做？

丢三落四就是在浪费时间

不丢三落四也是管理好时间的一个诀窍

丢三落四很耽误时间，会导致该做的事情做不成。举个简单的例子，上游泳课时，如果忘带游泳衣和游泳卡，就不能进泳池游泳。做作业也一样，辛辛苦苦写完了作业，第 2 天到了学校却发现作业本落在了家里。虽然有些物品可以暂时借用同学的，但是最好不要丢三落四。自己的时间一定要珍惜，千万别浪费。

美工课上，忘了带要用的工具，做不了想做的作品，伤心难过着呢。

我有时还忘记东西放哪儿了！比如老师让带竖笛，我在家翻箱倒柜，好不容易才找到，足足浪费了 1 个小时。

避免丢三落四的小窍门

把要带的物品写在白板或记事条上

提前把要带的物品简要写在白板或记事条上，等物品装进书包后再擦去白板上的字或揭下记事条。

全套画具

放学回家后取出书包里的所有物品

放学回家后取出书包里的所有物品，把书本放到书桌上，确认哪些作业需要完成；还要把学校发的通知单交给爸爸妈妈，有需要他们准备的物品就请他们准备好。

把书本等学习用品放在固定的位置

把课本、笔记本等放在书桌固定的位置上，这样不仅整理起来很方便，还不会忘记带去学校。建议把学习工具放在书桌最上层的抽屉里。

小练习 **想想看！**

你认为应该什么时候准备第 2 天上学的物品？把时间写在下面。

准备上学物品的时间

写在第 61 页的日程表上

睡前做好上学准备，第2天从容不迫

睡前认真准备，早上不慌不忙

早上到了上学时间，却发现衣服还没准备好，头发也没梳好，匆匆忙忙上学，狼狈不堪。你肯定遇到过这种情况吧。

早晨时间紧张，一旦要做的事情太多，你就会手忙脚乱。所以晚上睡觉前一定要准备好第2天上学的物品，比如，上学要穿的衣服、要带的文具，还要打理好自己的头发、护理好皮肤，这样出门时，你不仅朝气蓬勃，还充满自信。

> 我晚上总是没吹干头发就睡觉，结果早晨起床后头发乱七八糟不好整理，还要急匆匆地往学校赶……

> 我也是。出门时才发现袜子破了，衬衫还掉了扣子。

— 准备好衣服 —

早晨时间紧，因此睡前就要准备好衣服、鞋子，第2天一早就可以直接穿上出门。准备衣物时，一定要根据第2天的天气、学校的要求和课程安排，做到穿着舒服得体。

衣服选好后，要看看有没有褶皱、污渍、掉扣子，有就处理利索或另选衣服，这样早上就不会慌张了。

─ 打理好头发 ─

睡前洗澡，用毛巾擦拭头发，再用吹风机将头发吹干吹透，按照学校的要求打理好发型。

如果头发没干就躺下睡觉，早上起床头发就会乱七八糟，整理起来耽误时间。

─ 护理好皮肤 ─

虽然睡前不需要特别的皮肤护理，但是每晚要洗脸，平时勤洗澡，保持皮肤洁净。

为了防止皮肤干燥，洗澡后要涂抹护肤品，保持皮肤润泽。

还要检查这些地方！

☐ 指甲长不长？

指甲长了，不仅容易断裂，还容易藏脏东西，所以一定要定期修剪指甲。

☐ 带没带纸巾？

文明社会，干净卫生是最基本的要求。出门时要带上纸巾，把它们放进书包或袋子里。

☐ 鞋子脏不脏？

鞋脏了一定要刷洗干净再穿。衣服再干净，一旦鞋子脏了，也会大大影响你的精神面貌。

放松和休息的时间也很重要

必须保证放松和休息的时间

要做的事情多得做不完，哪有时间放松和休息！你肯定这样想过吧。

其实，要做的事情越多，越要安排时间放松和休息。只有把身心调整到最好的状态，做事情才能有干劲，才能提高效率。因为事情太多而不去放松和休息，身体就会疲惫不堪，想做的事情根本就做不好。所以，要确保放松和休息的时间。

困了想睡觉的时候就去睡觉，累了想休息的时候就休息一会儿，不要透支自己的身体。

除了接收大脑的指令和内心的声音，还要倾听身体的声音。打不起精神或者身体不舒服的时候，就是身体"想休息"的时候。这时不要硬撑，一定要好好休息。

是的。有时足球练累了我会早点睡觉，第2天早点起床，头脑很清醒，做作业效率很高。

发会儿呆
未必是在浪费时间

你有没有过坐着发呆，什么也不做的时候？在别人看来，你好像什么都没做，但是实际上，你的内心平静，有助于理性地思考。

发呆时，你正在与自己相处，正在跟自己的内心对话交流。不直面自己的内心，就听不到自己内心的声音，感觉不到自己真心喜欢做的事情。所以，有时候发会儿呆也很重要，并不是在浪费时间。

总觉得什么都不做就是在浪费时间，所以计划做得满满的。

一旦让事情牵着鼻子走，就没时间冷静思考，就找不到真正的自己。检查一下自己是否珍惜自己！

你珍惜自己的时间吗？

☐ 和朋友相处，不知道拒绝

既要和朋友友好相处，同时也要善待自己，对朋友的要求自己不情愿时就服从内心，勇敢地说"不"。

☐ 比起自己，先考虑别人

你心地善良，能为别人着想，这很好，但是你也应该对自己好点，考虑别人时，要考虑清楚自己是不是很辛苦。

☐ 不能独处，没有兴趣爱好

和朋友在一起时很开心，一个人时就不知所措，什么也做不成。这样当然不行，你应该考虑一下自己喜欢做的事情，培养自己的兴趣爱好。

思考调整心情的方法！

疲惫、心情低落的时候，你要学会放松和休息，调整好心情。想想看，你都是用哪些方法调整自己心情的？

1 心情低落的时候，最想和谁待在一起？

2 最近，你有没有感到疲惫、心情低落？
都是怎么调整好的？

足球比赛一输球就非常沮丧，这时我就把自己的心情写在日记本上，写完后心情好多了。

3 疲惫、心情低落的时候，
去哪里能让你心情变好？

4 试着采访一下家人、老师和朋友，
问问他们是怎样调整心情的。

> 班主任老师说，听喜欢的歌手唱歌、早点睡觉和享受美食，这些事情能让心情变好。我也试试看！

5 写出最能调整好自己心情、
恢复精神和活力的 3 种方法。

1

2

3

帮大人做家务 培养个人规划力！

　　高楼大厦不是一下子建成的，必须经过一砖一瓦的积累，以及许多细小工作的不断叠加，万丈高楼才能平地而起。所以，再复杂、再艰难的事情，只要把它一点点地细化分解开来做，最后总能做完。像这样，将一件大事情分解成若干个步骤，并思考如何才能实现目标的能力，就是规划力。规划力是长大后参加工作必须具备的能力，孩童时期通过训练可以初步掌握规划力。比如，参加家务劳动。其中最值得推荐的就是帮爸爸妈妈做菜，因为做菜讲究步骤和程序，食材要经过洗、切、煮（炒）、盛等工序，而且如果有帮手配合能更好地完成。什么时间进行哪道工序，需要根据开饭时间进行推算。只要有步骤、有计划地安排好每道工序的时间，就能准点开饭。

帮大人做这些 家务 吧！

· 打扫家中所有的房间
可以培养锻炼按什么顺序打扫、如何打扫房间的思考能力。

· 饭后清洗餐具
如果清洗全家人的餐具，数量应该不少。洗净、擦干、摆放整齐，这些步骤都有窍门。

在妈妈的指导下，我试试能不能做好菜。

第 3 部分

学会管理
长时间

比起几分钟、几个小时来说，1 天、1 周、1 个月就算是长时间。管理长时间时，如果把它分割成几分钟或几小时这种相对的短时间进行管理，就容易多啦。下面就介绍 1 天、1 周、1 个月这种长时间的管理技巧。

暑假时间很长。这么长的假期里，小美想做什么呢？

嗯……我想读书、看电影，还想参观漫展！总之，想做的事情太多了，都不知道怎么安排才好了！

长时间能做什么?

时间越多,能做的事情越多。接下来的问题是在较长一段时间内能做哪些事情?下面就考虑一下吧。

每天拿出 10 分钟, 1 年下来就有 60 多个小时呢!

时间越多,能做的事情就越多。时间不集中也没关系。比如每天练字 10 分钟,坚持 1 个月,练字时间就能达到 5 个小时左右,坚持 1 年的话,就能达到 60 个小时左右!把每天的琐碎时间累积起来,会是相当长的一段时间。日积月累,时间就会越来越多。下面,就先考虑一下长时间里能做哪些事情这个问题吧。

小练习 想想看!

下面这些事情,哪些能在 1 小时内完成?请在事情前面的□内画✔。

□ 做晚饭	□ 练字	□ 洗澡
□ 读 1 部小说	□ 写家庭作业	□ 从家到学校
□ 记住 30 个国名	□ 步行 1 万步	□ 把家中地板擦干净

小练习 **想想看！**

每天收拾一点点，1 周时间总能收拾好自己的房间吧。

1 想想 1 天完不成而 1 周能完成的事情，并写下来。

> 例 组装一个大的乐高模型

2 想想 1 周完不成而 1 个月能完成的事情，并写下来。

> 例 观察植物的生长情况

3 想想 1 个月完不成而 1 年能完成的事情，并写下来。

> 例 学会弹钢琴

10分钟
（预习）

30分钟
（数学）

20分钟
（语文）

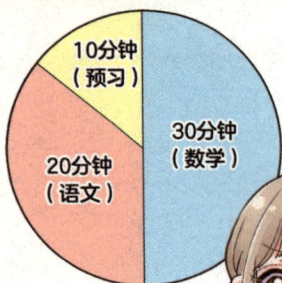

今天准备学习
一个小时！

合理分配时间

可以将长时间划分成短时间来管理，这种时间分配能提高做事效率。比如，计划学习1个小时，就可以30分钟学数学，20分钟学语文，剩下的10分钟用来预习明天的课程。同样，计划1个月完成的事情可以分配到每一周去完成一部分，计划1周完成的事情又可以分配到每一天去完成一部分，计划1天完成的事情还可以分配到每个小时去完成一部分。这样管理时间非常合理，事情也好办多了。

不要把计划安排得太满！

制订日程表，既要分配好时间，也不要把事情安排得太多。一旦事情安排得太多、时间安排得太密，你就会因为着急赶时间，做事情草率应付起来。如果你发现计划时间内有的事情可能做不完，就需要调整计划，要么在规定时间内完成，接着进行下一个计划，要么把不紧急、不重要的事情调整到第2天或其他时间做，确保完成紧急、重要的事情！

使用日程表，便于管理长时间！

管理长时间时，使用日程表非常方便！第104、105页有1个月的日程表，制订计划时可灵活运用。

制作技巧 1

要确定最终目标

制订日程表，首先要确定最终目标，也就是你预计要达到的目的。就像"绘画比赛"这种必须参加的活动、"全家旅游"这种轻松有趣的活动，你都可以把它确定为最终目标。目标一旦确定下来，就赶紧记在日程表里！

【举例】

数学考试

钢琴演奏会

生日聚会

运动会

突出最终目标，激发干劲 ↑↑

确定计划要达到的最终目标后，就用彩色马克笔醒目地标记出来。因为对日程表中的计划目标做了突出标记，所以能极大地激发自己的干劲，努力实现目标。标记方法在第101 ~ 103页有详细介绍。

12　13

钢琴演奏会！

要制订具体的日程安排

确定了最终目标，怎样才能实现它呢？这就需要围绕最终目标，制订具体的计划，把日程安排好。制订具体计划时，建议先写出实现最终目标需要做的全部事情！这一步很关键，然后再考虑做这些事情的先后顺序。

日程表制作流程

**制作
事项清单**

↓

**考虑
先后顺序**

↓

**落实到
每一天**

首先是制作事项清单，写出实现最终目标需要做的全部事情。事项清单制作方法请看下一页！

考虑事项清单中每件事情的先后顺序，要按照事情的轻重缓急排序，把重要的、紧急的事情安排在前面做！

要合理分配时间，第 96 页已经讲过，可以参考一下哟！

lovely...♡

制作事项清单时……

先写出自己想到的要做的全部事情。例如，右边列出的就是为妹妹举办生日聚会前全部要做的事项清单。首先要写出举办生日聚会要做的大大小小各种事情，然后再考虑每件事情的先后顺序，最后在日程表上填写每一天的安排。

生日聚会事项清单

- 和妈妈商量聚会时间
- 邀请朋友
- 制作、发放请柬
- 准备生日礼物
- 准备生日蛋糕等食物
- 考虑聚会内容
- 打扫房间
- 装饰房间

根据清单填写日程表

日	一	二	三	四	五	六
	1	2	3	4	5 和妈妈商量
6	7	8	9	10	11	12 制作、发放请柬
	← 邀请朋友 →					
13	14	15	16	17	18	19 准备生日礼物
				考虑 ← 聚会内容 →		
20	21 订做生日蛋糕	22	23	24	25 装饰房间	26 买食物
				← 打扫房间 →		
27 取蛋糕 生日聚会	28	29	30	31		

因为是家庭聚会，所以一定要和爸爸妈妈商量，还要提前收拾好房间。

尝试制订计划！

计划

★ 前期要做的事情

具体事情	需要天数

★ 当天要做的事情

制订计划时，要活学活用，不要生搬硬套。

日程表 制作技巧3

要讲究标注技巧

下面开始介绍日程表的标注技巧。只要开动脑筋用心去做，你制作的日程表一定会清楚又漂亮。请参考下例，发挥你的创意和想象，制作一张清晰明了的日程表吧！

音乐比赛 计划表

持续做同一件事情时，可以用箭头标注

连续几天做同一件事情时，可以用横向箭头标注；每个周五同一时间都有音乐课时，可以用纵向箭头标注。这样能缩短填写时间。

6月

日程表

日	一	二	三	四	五	六
	1	2	3 学会主题歌！	4		
7	8	9	10	11		13
14	15	16	17	18	19 17:00~上音乐课♫	20 室内彩排15:00~（穿服装）
22	23	24	25	26 17:00~上音乐课♫	27 正式比赛	
	30					

练习手部动作⑮

练习手部动作⑯

合练节奏

主题歌最后合练

根据事情类型使用不同的符号

制作日程表时，同种类型的事情可以用相同的符号标记，这样看起来更清楚。比如，和学习相关的事情都画上铅笔符号，和家人朋友有关的事情就画上音符。当然也可以用自己喜欢的符号来标记！

日程表范例

呀！太棒啦！用各种符号标记得很清楚，重要的事情一目了然！

7月

日程表

本月目标

不丢三落四！！

日	一	二	三	四	五	六
			1	2	3	4 去书店 15:30~
5 口参观漫展	6	7	8 进生训练（带手帕） 16:00~上培训束	9	10	11
12	13	14	15 16:00~上培训束	16 口还书！！	17 休业式	18 正式放假！
19 游泳（上午）	20	21 游泳（上午）	22 16:00~上培训束	23	24 全家露营	25
26	27	28 游泳（下午）	29 16:00~上培训束	30	31 烟花表演 17:00 广场	

备忘录
· 确认暑假喂养动物的值日时间
· 还书（7/16之前）

16:00~上培训束

看看小美整理的日程表

\\ 简明扼要 + 活泼可爱 ♥ //

小美整理制作的日程表不仅文字简明扼要，还充分运用插图和贴纸，显得活泼可爱。她把重要和关键的事情标记得非常醒目，没有一点遗漏！

小技巧！

使用荧光笔！用荧光笔把重要的事情标出来，把有意义的活动圈出来，看起来更显眼，提醒自己不要忘记。

装饰技巧

用插图和贴纸填补空白！
进行个性化装饰

比如，把日程表装饰成手绘风格。可以在日期格里画上鲜花、蛋糕、钢琴的插图或者粘上对应的贴纸，生动、亮丽。如果把"看牙""去书店"等关键词标注在自己画的大泡泡里，也很有创意。

小技巧！

就像以下日程表中的 11 日和 19 日，可以在有重要庆祝活动的日期格画上彩旗、气球、花环等图案，就非常漂亮！简单一画，就表现出可爱的风格！这个技巧也不错哦！

4月

日程表

本月目标

尽快适应新的班级生活

日	一	二	三	四	五	
			1 愚人节	2 17:00弹钢琴	3	4
5	6 开学典礼（上午！）	7	8 16:00~去书店	9 17:00弹钢琴	10	11 去游乐园
12	13	14 去佳美家	15	16 17:00弹钢琴	17	18 看牙
19 给艾丽准备礼物	20	21	22 艾丽生日	23 17:00弹钢琴	24	25
26 去奶奶家！！	27	28	29 投稿	30 17:00弹钢琴		

用插图和贴纸装饰日程表，活泼可爱、清新亮丽。

	日	一	二
月	—	—	—
日程表	—	—	—
	—	—	—
本月目标	—	—	—
	—	—	—

利用暑假，提升自己

利用暑假时间挑战新事物，弥补自身不足。

7:00 起床

暑假是提升自己的大好时机！拖拖拉拉、一事无成，那就太可惜啦！

　　暑假里想做的事情很多很多，比如和同学去书店、看漫展、游泳、外出旅行等等。自己管理的时间突然增加了许多，就很有可能变得懒散拖拉起来。暑假生活要张弛有度，既要轻松，又不能放松，这非常重要。在暑假里，可以挑战新事物、学习新知识、掌握新技能，不仅能弥补自身不足，还能缩短和同学的差距。所以说，暑假是提升自己的大好时机。那么，就利用暑假时间让自己华丽变身吧！

9:00 写作业

加油！

小美，下学期学校不是要举办秋季运动会吗？暑假里，我们练习跑步怎么样？

我擅长跑步，所以暑假快结束时再练也不迟！说不定我还能参加接力比赛呢。

13:00 外出

我出门啦！

暑假努力和不努力，结果完全不一样。下面看看这位同学的表现！

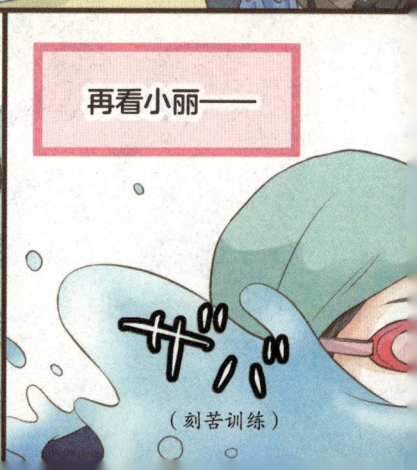

游得很不错！
这是你整个暑假每天刻苦训练的结果啊。
比赛当天
タンッ
（碰）
小丽获得冠军！创造了校内新纪录！！
太棒了！
只有每天刻苦训练，方能取得好成绩。

利用好暑假的 5个要点

要想暑假过得充实、愉快并且有意义，注意以下 5 个要点，该做的事情一定要认真做！

要点 1

确定暑假目标并为之努力

学习知识也好，掌握技能也罢，都要确定目标。生活中，读书、打扫卫生之类的小事情也要有目标。暑假来临，还要确定暑假目标。而且，为了完成暑假目标，努力很重要！

要点 2

暑假生活要有规律

与上学期间的紧张忙碌相比，暑假会悠闲轻松许多。但是，暑假生活也要有规律，尽量按时起床、定点吃饭，规律作息，把身心调整到一个理想的状态，一定不能太放纵自己！

要点 3

追求自己的兴趣和爱好

你可以利用暑假时间，全身心投入到自己的兴趣爱好中去。这多么让人激动和兴奋！兴趣爱好可以让你学到新知识、掌握新技能，给你带来许多意外的收获。

要点 4

攻克自己不擅长的事情

暑假是你缩短与同学间的差距、弥补自身不足的大好时机！因为暑期很长，你有足够的时间做自己不擅长的事情，比如，运动、练字、绘画、阅读，从不擅长到擅长，你会变得更加自信！

要点 5

有计划地完成暑假作业

暑假里一定要有计划地写暑假作业，避免出现假期最后一天着急赶作业的情形！最好是上午学习、写作业，下午进行其他活动。只有完成了当天的作业和学习任务，你才能安心做别的事情！

从下页开始，讲解具体的做法。

确定暑假目标
并为之努力

只有确定目标，暑假才能过得充实、有意义

　　确定了暑假目标并为之努力，暑假才能过得充实、有意义！目标一旦确定下来，你就会考虑怎样才能实现目标。如果你确定的目标是暑假读 5 本书，那么就要给自己创造读书的机会，想想是去书店买书还是去图书馆借阅。一天到晚拖拖拉拉的人，更应该确定目标，明确自己的努力方向！

读完5本书！

确定目标的小建议

　　目标一定要形象具体。如果只把"读书"作为目标，就很笼统，不便于实施。如果目标是"读5本书"，就既具体，又明确，还能提高读书的劲头。

挑战这些事情

- ●做完一本数学练习题
- ●学会骑自行车
- ●学会下围棋
- ●熟记 20 首古诗
- ●学会做土豆炖牛肉
- ●通过绘画或书法等级考试

小练习 **想想看！**

一想到这些，就兴奋、快乐得不得了。期待暑假快点到来！

1 暑假想挑战什么事情？

2 暑假想去什么地方？

3 暑假想读什么书、看什么电影？

写得很多也没关系！要是能在暑假开始前想好，就更棒啦。

暑假生活要有规律

不要熬夜！

暑假里想做的事情很多，难免晚睡甚至熬夜。偶尔几次没什么关系，要是经常熬夜的话，身体就会受到伤害，比如皮肤和头发失去光泽，视力下降，容易生病，等等，所以暑假里也要早睡觉。不得已晚睡的时候，第2天要尽快调整，保持正常的生活规律和节奏。

想看的动漫节目很晚才播放的时候，可以记下第2天重播的时间。

你是不是这样做啦？

检查自己的暑假生活方式

回顾一下暑假生活，看看以下哪些行为发生在自己身上，就在该选项前面的□内画"✔"！

□ 早上10点钟起床	□ 玩游戏超过规定时间
□ 晚上睡觉前看手机	□ 一天都穿着睡衣
□ 晚饭后吃点心	□ 三餐不规律
□ 不常洗澡	□ 暑假作业总往后拖
□ 不及时刷牙	□ 喜欢睡回笼觉

"✔"超过5个就要注意了！一定要改变这些不良生活方式。

每天要按时起床！

暑假期间，如果每天都能按时起床，这是最理想的状态。早晨如果能按时起床，那么接下来，吃饭、洗澡、睡觉的时间就会比较固定。这样，每天的生活就会很有规律！当然，暑假里放松身心很重要，偶尔睡个懒觉也未尝不可。

迅速起床的要点

大声喊出 起床时间

晚上睡觉前，大声对自己说："明早 7 点起床！"这样能让大脑对起床时间加深记忆，潜意识里第 2 天一早 7 点钟起床的命令就发挥了作用，起床时就会反应迅速，头脑也能保持清醒。

把闹钟 放远点

听到闹钟，有可能随手关掉闹钟后继续睡觉。为避免出现这种情形，要把闹钟放在离自己较远的地方。这样，闹钟一响，需要起身下床去关掉闹钟，如果再接着洗脸，就彻底没有了睡意！

养成良好的睡前习惯

为了迅速起床，就必须养成良好的睡前习惯，这非常重要。比如，睡前 3 个小时吃完晚饭，睡前不看手机、不玩游戏、睡前稍微拉伸身体、按摩腹部，如此还能提高睡眠质量！

睡前觉得口渴，我就想喝果汁……

睡前不要喝果汁一类的饮料，可以喝水或不含咖啡因的大麦茶。

追求自己的兴趣和爱好

利用暑假，全身心投入到自己的兴趣爱好中去！

暑假时间很长，是全身心投入个人兴趣爱好的大好时机！如果自己的兴趣爱好在上学期间得不到满足，那就利用暑假时间弥补吧。比如，下围棋、绘画或者写作，只要是你感兴趣的、你想做的，什么都可以。当然，你也可以利用暑假增长阅历、提高技能。

比如……

接触动物

如果平时很少接触动物，就可以利用暑假时间去动物园、水族馆或者其他有动物的场所进行实地接触！感兴趣的话，还可以调查动物的生长环境和生活习性。

制作糕点

喜欢做糕点的同学可以在暑假里学习制作糕点，提高动手能力。比如，在外形装饰上下功夫，按照自己的构想调整配料，最后再把自己精心制作的糕点包装好，送给家人和朋友，对方一定会很开心的。

参观古建筑

利用暑假时间，参观游览年代久远的历史遗迹、古老建筑也很不错！通过访古寻迹，不仅能畅游历史长河，体会时空穿越，还能学到许多历史知识，收获太多啦。

> 我很喜欢坐火车，所以想坐着火车去很远的地方看看！

小练习 想想看！

除了做自己感兴趣的事情，还可以做些能帮助别人的事情，比如，参加志愿者活动和社区活动，就很有意义。下面把你在暑假里曾经做过的帮助他人的事情写下来！

1

日期 [　　年　　月　　日]

2

日期 [　　年　　月　　日]

3

日期 [　　年　　月　　日]

这些事情都是自己感兴趣的，还能帮助别人，当然开心啦！
这个暑假，我打算去参加读书志愿活动，帮助福利院有需要的人读书。

攻克自己不擅长的事情

攻克自己不擅长的事情，能增添自信和成就感！

　　暑假期间经过努力，把以前不擅长的事情做得有模有样，你会更加自信。如果你不擅长游泳，那就参加暑期游泳训练班，假期结束时，肯定会有收获！你还可以参加其他运动项目，或者参加写作班、手工培训班。攻克不擅长的事情，就会增添自信和成就感。所以，一定要充分利用暑假时间，攻克自己不擅长的事情！

做做看！

使用记事条，提高成就感↑↑

事项清单！

- 游泳训练班
- 写作班
- 手工培训班！

　　不擅长的事情会让你提不起干劲，这时，就把它们写在记事条或便利贴上，再粘到白板上。每完成一件就揭掉一张，等全部揭下来，就说明你做完了这些事情，会很有成就感！

使用记事条，简直太方便啦！

要点 5　有计划地 完成暑假作业

制订计划， 提前完成暑假作业

　　暑假每天都应该写作业。可是，遇到特殊情况，当天作业没写完，就会拖到第2天再写，甚至会出现把作业拖到暑假最后一天才加班加点、着急写完的情况。为了避免这些事情的发生，你要制订计划，争取在暑假结束前一周完成所有作业。这样，即便那时你没写完作业，也还有一周时间去补写作业。

集中精力学习的小窍门

穿插写不同科目的作业 能转换大脑思维模式

比如先写字，再做数学题，这样穿插写不同科目的作业能刺激大脑运转，不断调整思维模式，提高学习效率。

换个学习环境 能重新集中精力学习

学习精力不集中时，可以换个学习环境，比如从自己的房间移到客厅学习，或者去自习室、图书馆学习，这样能让你重新集中精力学习。

暑假作业的完成技巧

做暑假作业也有技巧，下面就具体讲解这些技巧，非常有用！

● 练习题

做练习题的技巧就是每天有计划地只做几页练习题。比起一口气做完整本习题集，每天就做几页练习题更有助于集中精力学习。不过，计划设想得再好，也有完不成的时候，所以，要经常看看自己是不是按计划去做练习题了。如果在计划时间内没有完成，就抓紧时间补上！

太多啦！

怎么办呢……

练习题可以1周做6天，休息1天

做练习题时，可以1周做6天，剩下1天休息，不做练习题。比如，如果周一到周六做练习题，那么周日就休息，不做练习题。这样既保证了做题进度，又有时间休息。控制好节奏，不怕完不成！

今年的暑假作业布置了许多练习题，不知道能不能完成……

读后感

暑假作业通常会要求写读后感，很多同学觉得读后感太难写！下面，就讲讲读后感的写法和建议。

读后感的写法

1 选书

首先要选好书。如果是命题读后感，那就要选择合适的书籍。暑假里，一般书店和图书馆都会开辟"读后感推荐书籍"专区，大家可以去阅读体验。☆

↓

2 读书

接着是读书。读书也有方法，就是边读边写笔记，把书中印象深刻的章节记录下来。

↓

3 写感想

最后就是写感想。把感受最深的写下来，如果不知道怎么写，就参考下面的提示。♪

不知道怎么写感想时……

可以按照以下顺序写！
一定要写出自己的真实体会和感受。

● 为什么读这本书
● 这本书的简要内容是什么
● 书中最有趣或最引人入胜之处是什么以及原因

读哪本书好呢？

哎呀……

妈妈，可以问问学长学姐和爸爸，听听他们的建议。

读这本书怎么样？

这个嘛……

读这本书怎么样？

太棒了！

去图书馆查找……

啊！

找到啦！！

有的书店也会给出建议。

暑假推荐书目

★ 〜〜〜 1～3
★ 〜〜〜 1～5

建议

调研报告

调研报告是对自己感兴趣的事物进行调查研究，并总结相关结果。写调研报告，方法步骤很重要，结果的归纳总结更重要。一定要把来之不易的调研结果讲清楚、说明白，让大家理解和接受！

在课题调研上花了不少心思，调研结果却不太有说服力。

调研报告的写作要点

架构

1. 确定调研课题
2. 选择课题的理由
3. 调研步骤（内容）
4. 调研结果
5. 调研感想
6. 参考资料

左边是调研报告的通常架构。你可以按照自己的想法进行调整，比如在总结调研结果前面加入预想结果，等等。调研感想指的是今后进一步调查研究的想法，以及如何把调查研究融入生活和学习中去。

必须注明参考资料

最后还要注明调研参考资料，具体包括：参考的书籍、浏览的网页、实际调研地、内容提供者姓名等等。

观察日记

如果是观察植物或昆虫的生长过程，就要每天把发生的变化记录下来。每天都要在同一时间观察和记录，比如在早饭后观察植物的生长。对观察结果的归纳和总结需要下点功夫，可以运用插图、照片和图表，既有说服力，又易于理解。

观察日记的写作步骤

1 确定观察对象

一般是观察自己感兴趣的植物或昆虫，最常见的就是观察牵牛花、小番茄等植物的成长过程，以及蚂蚁筑巢、蛹变成蝴蝶的过程，等等。

2 每天在同一时间观察

每天都必须在同一时间观察。植物要早晚各观察一次，昆虫可以早上观察一次。要找准适合观察的时间！

3 总结观察结果

每天都要记录当天的观察结果。记录时可以运用插图和照片，也可以用图表反映开花和结果的数量，一目了然。

观察大楼的建造过程和星星的移动轨迹，也很有趣呀！

准备观察牵牛花！

可以在图表上粘贴纸。

开花了！

粘上小贴纸

完成啦！……

暑假期间牵牛花的开放情况

7/20
7/21

手工作品·海报

有的学校还要求学生在暑假里制作手工作品或海报。制作手工作品、海报也要确定主题，必须明确要制作什么，制作的意义在哪里。

> 我不太擅长做海报呀。

> 啊，是吗？我还以为你的手很灵巧呢……

手工制作的技巧

① 确定主题·准备材料

先确定主题，也就是准备做什么，然后准备材料。一边想象制作完成的效果，一边选择材料，准备好剪刀和黏合剂！

② 开始制作

手工作品要独具特色，彰显自己的风格。不做则已，要做就要做出令人印象深刻的手工作品。

⚠ **注意事项**

手工制作会用到剪刀和美工刀，这时一定要保护好自己的手，千万小心，不要受伤。

海报的制作技巧

> 守护地球！

① 确定主题

海报有很多种。学校没有要求时，自己就要认真考虑做什么风格的海报！

主题举例

- 环境保护和动物保护
- 预防犯罪和防灾
- 反对校园欺凌等未成年人保护
- 交通安全
- 学校活动和节日活动的宣传

② 勾画、着色

先用铅笔勾画轮廓，必要时可以用马克笔加粗，然后添加颜色。文字要醒目，颜色要鲜艳！

家务劳动

上学期间，你帮爸爸妈妈做家务吗？如果不做或是做得很少，你就可以利用暑假时间主动承担家务劳动，这是你作为家庭成员的责任和义务！

你觉得做家务微不足道，爸爸妈妈却认为你帮了大忙。

可以做这些家务劳动

🕐 5 分钟能做哪些家务劳动

摆放饭菜和餐具

饭前收拾干净餐桌，摆好饭菜和餐具，准备开饭。

倒垃圾

清理家中垃圾，送到指定的垃圾投放点。记得提前做好垃圾分类。

把鞋摆放整齐

把一家人出门要穿的鞋整整齐齐地摆放在门口，把不穿的鞋收进鞋柜。

🕐 15 分钟能做哪些家务劳动

淘米煮饭

把米冲洗干净后倒入电饭锅蒸煮，注意不要把米撒出锅外！

清洗淋浴间

用海绵刷和专用清洁剂刷洗，冲干净后记得关好水龙头。

叠衣服

把洗干净、晾晒好的衣服叠好，并按家庭成员分类。

的暑假

暑假目标
....
....
....

计划表

日（日）	日（一）	日（二）
日（日）	日（一）	日（二）
日（日）	日（一）	日（二）

计划表

年　月　日~　月　日

备注

日（三） 日（四） 日（五） 日（六）

日（三） 日（四） 日（五） 日（六）

日（三） 日（四） 日（五） 日（六）

专栏

什么是生物钟？

生物体与生俱来的"生命节奏"

生物钟是动植物体内一种无形的"时钟"，生来就有，是生命活动内在节律性的自控机制，具备提示时间的功能。早晨自然醒来，白天觉得饿想吃东西，这都是生物钟在起作用。本书第24页讲到，人们在不同时间段对时间的感知不一样。随着年龄的增长，你是不是觉得时间过得越来越快了呀。

好困啊！

有点饿了呢。

到点就饿，到点就困，原来这是生物钟在起作用呀！

用 阳光 调整生物钟

人体生物钟受光照的影响最大。早晨如果不拉开窗帘，阳光照射不进房间，房间黑乎乎的，你就不想起床；夜晚如果房间里光线很亮，你就不想睡觉，这样你的生物钟就会出现紊乱。生物钟紊乱代表正常的生活节奏被破坏，会造成身体的各种不适。所以，早上醒来后，要拉开窗帘，让阳光照进房间！这样坚持1个月，你的生物钟就会恢复正常，能按时起床。

第 4 部分

实现梦想的时间管理法

知道了怎样管理时间，就要做好未来规划，管理好自己的人生！为了实现自己的梦想，应该怎样管理时间呢？

小美，可别忘了今天布置的作业呀！

我没忘，是写篇作文，题目是"未来的梦想"！可是，我还不知道自己未来的梦想呢……

未来的梦想
我还不知道自己的梦想是什么。
那就想象一下，未来的自己会是什么样子！
小美，未来有很多种可能！
比如……
和时间交朋友，向着梦想中的自己前进！

和时间交朋友

如果你能用前面讲到的方法去管理时间，那么，时间就已经成为了你的朋友。

珍惜自己独处的时间

和家人、朋友这些你喜欢的人相处的时间很重要，自己独处的时间同样也很重要。周末独自一人时，听听喜欢的音乐，回顾自己的一周……这是多么轻松惬意啊！所以，你要为自己留出时间，好好考虑自己的事情，比如自己擅长的科目、喜欢的运动，甚至将来想从事的职业，只要事关自己，都可以考虑！

小练习

回顾一下！

把用在自己身上的时间写下来

寻找让你兴奋、快乐的时间

一人独处时，倾听自己内心的诉求，你就能找到让你兴奋、快乐的事情！比如你很想去某个地方、很想见某个人，找到自己最想做、最喜欢做的事情，也就找到了自己的兴趣和爱好。做喜欢做的和想做的事情能让你兴奋、快乐，做这些事情的时间将是你一生的财富。所以一定要管理好让你兴奋、快乐的时间。

看看书上说的，听听别人讲的，总能找到自己想做的事情。

管理好让你兴奋、快乐的时间

1 把时间用在兴趣爱好上

如果把时间用在兴趣爱好上，时间就会过得很快。能长时间专注于一件事情，说明这段时间你很快乐。在兴趣爱好上花费时间，将来会收到回报的！

2 把时间用在擅长的科目上

对擅长和喜欢的科目，多花时间就会学得更加精深。对不擅长的科目，你也要努力学。在擅长的科目上遥遥领先的你是最棒的！鼓足干劲加油学吧。

3 把时间用在特长上

运动、手工、绘画、写作，你更擅长哪项？培养特长的过程也是把兴趣爱好发挥到极致的时间管理过程。找到你的特长，你就找到了将来想做的事情。

拓宽视野的技巧

一次又一次地发现和认识自己，肯定很激动吧！
要不断拓宽自己的视野，
未来的自己才能有多种可能。

尝试新事物

去一个新地方，有一次新体验，这些经历对你来说都很好。在不断尝试新事物的过程中，你会一次又一次地发现和认识自己，兴奋而快乐。所以，哪怕是有一点儿兴趣，你都要积极行动，主动挑战！

增长新知识

获取知识的渠道很多，比如读书、看电视、旅游等等。这些都能让你增长知识，让你开心、快乐。遇到感兴趣的事物，就去调查研究，养成习惯后，你的视野和认知会越来越宽。

写出感想和体会！

有了新发现和新体验，就马上记录下自己的感想和体会，并且标明时间，知道是什么时候发生的事情。

时间 [　　年　　月　　日]

时间 [　　年　　月　　日]

时间 [　　年　　月　　日]

时间 [　　年　　月　　日]

时间 [　　年　　月　　日]

时间 [　　年　　月　　日]

时间 [　　年　　月　　日]

思考个人未来时，先设想一下自己未来的样子。当你上了初中或者高中，会做哪些事情呢？当你走上了工作岗位，又会做些什么？对于未来的梦想和目标，不必想得太复杂，只要是你心中所想，都是了不起的梦想！

等我上了大学，想利用课外时间打工赚钱，用来做自己喜欢的事情。小飒，你呢，你以后想做什么？

我只有个模糊的想法，具体想做什么还没确定。

如果你已经考虑好自己未来的职业……

考虑自己的未来时，如果你已经想好了想从事的职业，这就离梦想更近了一步。那就再思考一下：围绕这个职业，你具体想做哪些事情？比如，是想当一名研发人员去研发新药，还是想做一名老师向学生传授知识？通过思考自己未来想做的事情，你的梦想就越清晰。或许你还没有考虑过自己未来要做什么，那么接下来就从第136 页开始，学习规划自己的未来！

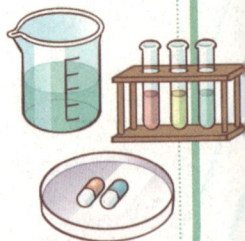

小练习 **想想看！**

结合自己的实际情况，思考并写出自己擅长的和不擅长的事情，再写写自己的优点。可以问问周围的人自己有哪些优点！

擅长的事情

不擅长的事情

写出自己的 **3** 个优点！

1

2

3

未来你想做什么？

能让我们"乐在其中"的工作太多啦！下面就了解一下各种职业。

看看哪些职业能满足自己的兴趣爱好

接下来介绍各种职业。看看哪些职业能满足自己的兴趣爱好，让自己做喜欢的事情，然后分析一下具体都有哪些工作。

如果你喜欢时尚……

可以当服装设计师，让人们衣着时尚、凸显气质、光彩照人，更加热爱生活！

让服装为人们增添自信与光彩★

与时尚相关的工作还有……

美容师、造型师、色彩搭配师、摄影师、插花师、茶艺师、健身教练、模特等等。

情节动人的作品♪

不断创作出

如果你喜欢绘画……

可以当漫画家，发表漫画作品！受欢迎的漫画家经常在刊物上发表连载漫画，有些漫画作品还会被制作成动画影视作品！

与绘画相关的工作还有……

插图师、绘本作家、平面设计师、游戏开发者、美术教师、美术馆研究员等等。

帮助大家实现运动目标

值得信赖哦♥

如果你喜欢体育运动……

可以当体育指导员，讲解与运动相关的知识，为有需求的人制订运动方案，帮助他们做运动！

与体育相关的工作还有……

各类运动员、体育教练员、体育摄影师、体育记者、裁判、运动员经纪人等等。

如果你喜欢与人打交道……

可以当保育员，看护和照顾孩子。言语亲切、能歌善舞的你，是孩子们的榜样，陪伴他们健康成长！

活泼、善良的育儿专家♥

与人打交道的工作还有……

医生、护士、餐厅工作人员、销售人员、中介服务人员、心理治疗师、教师、律师、导游等等。

把控节目现场

灵活应变★

如果你喜欢文艺制作和策划……

可以当栏目编导，制作节目，在策划、录音、录像、编辑等方面展示自己！

与文艺制作和策划相关的工作还有……

影视编辑、舞美设计师、音响师、编剧、广播剧作家、演艺经纪人、音乐制作人、音乐会工作人员、主题公园工作人员等等。

看起来很辛苦，做起来很有意思！

如果你喜欢美食……

可以当糕点师，制作造型可爱、美味可口的糕点。如果制作的糕点有创意、受大家喜爱，就能成为人气糕点师，非常受欢迎。

追求可口的味道和可爱的造型♪

与饮食相关的工作还有……

烹饪师、调酒师、咖啡师、营养师、食品安全管理员、食品研究员、美食主播等等。

把狗狗们打扮得非常漂亮、时尚♥

如果你喜欢动物……

可以当宠物美容师，为宠物设计可爱的造型。比如，修剪洗护宠物的毛发、指甲等。

与动物相关的工作还有……

兽医、动物饲养员、驯兽师、宠物店工作人员、动物保护专家等等。

如果你想帮助别人……

可以当老师，在学校里教孩子们学习文化知识和社会规则。关心爱护每一个学生。讲课生动，让课堂气氛活跃。

教授文化知识和社会规则★

能帮助别人的工作还有……

医生、护士、药剂师、理疗师、社保管理人员、消防员、警察、法官、律师等等。

如果你想满世界飞……

可以当飞机空乘人员，让乘客安全、舒适地乘坐飞机。不仅能提高语言学习能力，还能接触到很多国家的文化！

国际性的工作还有……

翻译家、外交官、国际观察员、联合国工作人员、旅行撰稿人、国际贸易人员、国际导游等等。

开阔视野、丰富阅历！令人向往♥

能当飞行员那就太棒啦！

如果你想让生活放轻松……

向世界发布有趣的信息♪

可以当网络主播，捕捉当今流行趋势，发布有趣的视频，传递知识，传播正能量。如果作品引发热议，受大家欢迎，你就会收获人生的成就感。

你还可以当……

电影演员、广播剧演员、配音演员、歌手、音乐家、搞笑艺人、魔术师、舞蹈演员、播音员等等。

出现新职业！

时代变化太快，新兴职业如雨后春笋般不断涌现。再过 10 年、15 年，肯定又能出现现在没有的职业。很多人在自己擅长的领域大有作为，成为该领域的专家。比如，对游戏感兴趣的人成了游戏评论家，喜欢发布旅行照片的人成了旅行顾问。兴趣爱好看起来不过是自己喜欢做的事情，但是，它也关系到你未来选择哪种职业，所以一定要有时间做自己喜欢的事情，更要珍惜这些让你激动、快乐的时间！

小练习 职业调查!

下面请你调查一下自己感兴趣的职业。把调查了解的工作内容、工作场所、工资报酬等信息写在下面。如果身边有人从事这种职业,你可以对他进行采访调查。

调查职业 →

主要工作内容

工作场所

工资报酬

工作成就感

工作辛苦程度

这项工作适合哪些人

从事这项工作必备的资格和技能

优秀的大人是什么样的?

我们长大以后都想成为一个优秀的人。周围的大人中，哪些是你梦想成为的人？

寻找心目中优秀的人

大家平时肯定都能接触到很多大人，比如邻居大姐姐、学校老师、父母的同事等等。在你眼里，他们哪些方面很优秀？他们方方面面的优秀表现深深影响着你，不知不觉，他们就成了你的榜样，是你梦想成为的人。

优秀的大人都是这样的

1 仪表整洁，很有礼貌!

衣服整洁，穿着得体，腰杆笔直，姿态挺拔，无论言谈举止还是待人接物，都很有礼貌。

2 处处为别人着想!

为别人着想的人都很优秀。做事情总会考虑对方的心情，看到别人有困难，就伸出援助之手。

3 面带笑容，开心、快乐!

面带笑容，心情快乐的人很有魅力，大家都愿意和这种人交往!他们发自内心的微笑让气氛和谐融洽。

了解上班族 一天的工作和生活！

早晨 6:00 起床	洗漱完毕后吃早饭。有些人还有固定的晨课，比如跑步、读书、冥想等。
↓	
上午 9:00 开始工作	开始上午的工作。一般都要提前 15 ~ 30 分钟赶到工作单位，做好工作准备。
↓	
中午 12:00 吃午饭	和同事、朋友一起吃午饭，边吃饭边聊彼此感兴趣的话题。
↓	
下午 1:00 继续工作	喝杯咖啡或茶提神，让大脑保持清醒，以便集中精力继续工作！
↓	
下午 5:00 下班	下班后去健身房健健身，或者去厨艺班学学厨艺，或者直接回家。
↓	
晚上 11:00 睡觉	睡前做好第 2 天上班的准备，避免第 2 天早晨时间来不及！

看来他们每天过得都很充实，也很快乐！

寻找榜样！

如果找到了你认为很优秀的人，就把他们的优秀之处写下来。优秀的人可以是科学家、作家、医生、企业家，也可以是演员、运动员。

姓名

哪些方面表现优秀？

姓名

哪些方面表现优秀？

姓名

哪些方面
表现优秀?

姓名

哪些方面
表现优秀?

姓名

哪些方面
表现优秀?

我最喜欢画画！
小彩画的画
好可爱啊！
将来能成为漫画家
就好了……
呃——
是吗？
不不不……
我可不行！
要是发行
小彩的漫画书，
我第一个去买。

为什么不行？只有去做了才知道自己行不行！

缺乏自信，怎么办呢？

谢谢你的鼓励！

你呀，一定要相信自己！先做做试试嘛！

一定要对自己抱有信心，梦想要靠自己的努力才能实现！

制订能实现梦想的未来计划

未来计划就是考虑自己将来的事情，并做出打算！可我至今还没想过自己的将来……

制订能实现梦想的未来计划！

为了实现自己的梦想，就要立足现在、面向未来，制订切实可行的计划，这很重要。在谋划未来的过程中，你会发现自己的梦想和目标越来越清晰、越来越具体，让你充满信心，鼓足干劲！你可以和同学朋友一起探讨未来，并就个人梦想和未来计划进行交流。

制订未来计划的建议

1 未来设想要具体！

制订未来计划，首先必须设想自己的未来。对自己未来设想得越具体，计划就越容易制订。具体设想一下你将来想从事什么工作，希望如何去生活。

2 要切实可行！

未来计划不仅要具体，还要符合实际、切实可行，这很重要。如果计划要做的事情太多，超出个人能力，就很可能完不成计划，失去了计划的意义！

3 要轻松快乐！

因为未来计划关系到自己的将来，所以要尽可能增加积极因素，让实现梦想的路程轻松快乐，不要遥不可及。

向着梦想前进！

执行未来计划**的**方法和步骤

下面讲解执行计划的方法和步骤。
希望实现自己梦想的人一定要掌握！

第 **1** 步 确定最终目标

第 97 页已经讲过，制订长期计划时，要确定最终目标，这很重要。那就把和梦想一致的最终目标作为努力方向，比如可以把从事 AI 研究或者当老师或者做一名形象设计师确定为最终目标。也可以参照下面的例子，确定自己的最终目标！

最终目标

最终目标举例

- ●成为科学家
- ●成为音乐家
- ●成为医疗工作者
- ●成为警察
- ●成为画家
- ●成为职业乒乓球选手
- ●成为商人
- ●成为社会志愿工作者

我将来想和孩子们在一起！可以当育儿师、教师……

这些都要具备资格才行！所以考取资格证也是你的奋斗目标。

哦，是这样啊！

接下来，要对实现梦想需要的时间进行分析预测。通过分析预测，你能清楚地把握自己实现最终目标的进程。首先要分析预测实现最终目标大概需要的时间，这时，你并不需要制订具体的日程计划。

预测方法有 **2** 种

先确定时间法

例 25 岁前成为形象设计师

① 列出事项清单

了解成为形象设计师应该做的事情。比如，查找形象设计专业学校，了解形象设计需要掌握的技能，落实要具备哪些资格。

② 倒推时间

从 25 岁成为形象设计师起倒推时间，推算大概时间。比如，22 岁成为形象设计师助理 → 20 岁获得形象设计师资格。

③ 合理安排时间

根据 ② 中倒推的时间，思考 ① 中的事情应该在哪个时间做。按照第 42 页讲解的内容，使用记事条就很方便！

后确定时间法

例 做形象设计师拥有自己的店

① 列出事项清单

首先列出全部要做的事情。比如，必须取得形象设计师资格，为了开店必须存钱，等等。

② 计算时间

接下来是计算时间。比如，18 岁进入专业学校学习 → 21 岁取得形象设计师资格 → 30 岁前打工锻炼……就这样，具体计算开店的进程。

③ 确定时间

前面已经把全部要做的事情按时间先后排好了顺序，开店时间也就确定下来。朝着这个目标努力奋斗吧！

第 **3** 步 确定顺序

　　根据第 2 步的分析预测，考虑清楚顺序和细节问题。先按顺序把事情排列好，再看看每件事情应该如何完成。比如，你梦想当形象设计师，首先就要取得形象设计师资格。那么怎样才能取得形象设计师资格呢？这就需要把参加考试、在专业学校学习等事项按顺序写进计划！

例 为了成为形象设计师……

初中或高中毕业后进入形象设计专业学校学习。

⬇

在专业学校学习 2 年，通过国家考试取得形象设计师资格。

⬇

在形象设计院做助理，培养和提升工作技能。

⬇

积累工作经验，具备专业水准，成为真正的**形象设计师**！

确定顺序后，就要执行计划。如果你的目标是当形象设计师，那么每天都要练习相关技能。在执行计划的过程中，需要根据实际情况，对计划进行反复修改和完善。如下所示，执行计划 → 发现问题 → 修改完善 → 重新执行，这样循环往复地执行计划最为理想！

执行计划不是最终目的。计划还需要不断地修改和完善！

小美总能想出很奇葩的计划。

呃，是吗？！

执行计划　发现问题　修改完善　重新执行

如果你觉得每天练习所有技能太辛苦，就可以修改计划。比如，把各项技能练习固定分配到每周的某一天。根据实际情况，发现问题后就修改完善计划，然后再去执行！

实在**执行**不下去的时候……

可以考虑给自己设定"行动开关"。"行动开关"就像导火索，马上能引发后继行动！"行动开关"越具体，计划就越容易执行。

日程表

星期二晚上参加培训讲座。

"行动开关"举例

● 吃完水果就写作业

● 洗完澡就做拉伸运动

● 晚上一到 10 点就准备就寝

● 每到周六、周日 6 点钟就起床跑步

● 进图书馆先找新上架的外语原版书

完成计划的要点

考虑要周全

不管是规划未来，还是考虑事情的顺序和时间，都要尽可能全面地考虑将来可能发生的事情！对将来考虑得越周全，计划就能制订得越具体，也越容易完成。

计划可以分享

可以主动把自己的最终目标和未来计划告诉家人和朋友，这样不仅能得到他们的支持和鼓励，还能得到他们的帮助。你就会更有信心和劲头完成计划，实现最终目标。

梦想和计划可以改变！

成长过程中，你可以有很多梦想，你的梦想或许还会发生改变。这都没关系，梦想不可能一成不变！如果梦想发生改变，你就需要重新制订计划！

描绘自己的未来蓝图！

下面就一边想象一边描绘自己的未来蓝图吧！
想象得越轻松越快乐，未来就越明朗越有希望。

1 现在，你的梦想是

2 你产生梦想的契机是

3 你实现梦想必须做的事情是

4 你希望在多少岁之前实现梦想？

岁

5 把你的具体计划写在下面

时间	年龄	事项
20XX 年	18 岁	高中毕业，进入 XX 专业院校学习

珍惜实现梦想的时间

前面讲到为了实现梦想应该如何管理时间，一定记住：实现梦想的时间很宝贵。

用在规划自己将来事情上的时间很宝贵

和家人一起度过的时间很宝贵。独自一人规划自己将来的事情，为此花费的时间同样很宝贵。实现梦想只能靠自己的努力，所以你每天都应该抽出时间考虑自己的将来。你还可以开展职业调查，并深入思考和自己梦想有关的事情。只要有时间，就考虑一下自己的梦想，并为之努力，日积月累，最终就能实现自己的梦想。

不要在穿衣着装上耽误太多时间

平时就要有意识地考虑自己的将来！

平时要有意识地考虑一下自己的将来，可以每天抽出时间想想这个问题。比如，入睡前躺在床上的时候，乘坐校车的时候，甚至整理衣服的时候，都有可能触发你的灵感。不经意间，你又向梦想前进了一步。

以前坐校车的时候，脑子里空荡荡的，从今天起就好好想一下！

哪些时间有助于实现梦想？

获取
各种知识的时间♪

除了在学校里学习各种文化知识，你还可以利用校外时间探索自己感兴趣的领域。通过钻研兴趣爱好，你将获取更多的知识。拥有的知识越多，你将来的选择面就越宽，成功的可能性也就越大。

钻研
技能特长的时间★

科技、音乐、美术，你擅长什么，就钻研什么，把它做到最好。你的技能和特长都与梦想密切相关！你的强项无人能及，这样的你最棒，最值得骄傲。

提高
艺术修养的时间♥

平时要抽出时间，观看戏剧、观摩画展、欣赏音乐，来提高自己的艺术修养。这些美学方面的认知和体验能更好地帮你实现人生目标。

以前，我从早到晚手忙脚乱，感到时间不够用。

现在，我觉得时间越来越多，做事情也越来越从容了！

就是因为我学会了时间管理的方法！

管理好时间，时间就会成为你的好朋友。

一定要记住啊！

学会了管理时间，能有哪些变化？

通过学习时间管理，
大家在学习和生活中发生了哪些变化？
是不是拖拖拉拉、无所事事的时间变少了？
该做的事情都安排得井井有条，
并且对未来的规划能力也有了很大提高吧？

可能还有些同学觉得没发生什么变化，
即便这样，时间也应该成为了你的好朋友。

情绪低落的时候，
请深吸一口气，反思一下自己的行为！

时间是有限的，我们一定要珍惜。
从现在起，认真倾听自己的心声，珍惜所有让你兴奋、快乐的时间。

小练习 检查一下！

回顾这本书的内容，在能做到的事情前面的 ☐ 内画 ✓。
多看几遍书，✓ 的数量就会不断增加。

☐ 知道自己是为谁遵守时间的

☐ 能考虑别人的心情

☐ 能倒推时间

☐ 有时间观念

☐ 能安排好自己要做的事情

☐ 珍惜做喜欢做的事情的时间

☐ 能分配好时间

☐ 能针对目标制订切实可行的计划

☐ 能安排好事情的先后顺序

和时间交朋友，
努力实现梦想！

最终目标

☐ 有时间和自己相处

☐ 对职业产生兴趣

☐ 开始考虑自己的未来

读书心得

致家长

咦？这本关于时间管理的书明明是写给我们小学生看的，怎么最后还有写给爸爸妈妈的内容？

要想学习和运用好时间管理的方法，没有爸爸妈妈的帮助是不行的。所以，下面的内容，一定要请他们好好读读。

原本不想催孩子"快点儿"的，可是……

在孩子管理时间方面，

你作为家长，有哪些烦恼呢？

●要是我不说"快点做"，孩子就不去做他应该做的事情。

●规定了玩游戏、看动漫片的时间，孩子就是不遵守。

●孩子写作业拖拖拉拉，换衣服磨磨蹭蹭，太浪费时间。

这恐怕是上小学的孩子都会遇到的问题吧。

为了敦促孩子自立，家长应该如何和孩子沟通？以前，我在不少书中讲过这个问题，讲座时也多次提到这个问题。现在，我再谈谈这个问题，告诉家长几个引导孩子自立的小窍门。

有些家长一看到孩子做不好，就控制不住地去说孩子。最初还算心平气和，一旦孩子不听，事态就马上升级，家长发起火来，家中成了战场，天天如此。这样的家长肯定不少。

明明知道自己作为家长，把孩子照顾好就行，不要过多地干涉孩子，可为什么就是做不到呢？如何正确引导孩子自立呢？下面我就谈谈这几个问题。

孩子的时间，就让孩子自己去管理

首先，你要认识到：孩子的时间只属于孩子自己。

在"认真考虑如何管理时间"（见第 8 页）这一节里，讲到了让孩子自己管理时间。孩子上幼儿园、学前班时，家长一直在管理他们的时间，现在孩子上了小学，逐步具备了时间观念，那就一点一点地把时间管理权交给孩子，让孩子学着管理自己的时间。

为了让孩子自觉自立，你必须认识到孩子的时间只属于他自己。从现在起，就别再说"赶紧写作业""你要玩到什么时候"这样的话啦。即便你觉得自己作为家长必须要说，我还是建议你不说为好。不做作业，麻烦的是孩子，不是家长。

只有当孩子认识到"这是自己的问题"时，他在行动上才会自觉和主动起来。所以，家长只要明白"这是孩子的问题"，就能改变自己的说话方式。

孩子贪玩不写作业，家长控制不住想去说他的时候，就先问问自己：这到底是谁的事情？很显然，写作业是孩子的事情，不写作业承担后果的也是孩子。因此，在写作业这件事上，家长根本没必要焦虑，也没必要多说。

话虽如此，让孩子一个人去解决问题，也不现实，所以家长也不能彻底放手不管孩子，有些问题还是要帮孩子去解决。认识到孩子的时间属于他自己，你就会改变对孩子的说话方式。不要不问青红皂白地催孩子"快点做"，而要理解孩子、守护孩子、说适度的话、支持和鼓励孩子。这一点请家长认真考虑。

如何让孩子认识到"这是他自己的问题"？

"这是你的问题"这种思维方式，在许多人际关系中都起作用。要想处理好亲子关系中的这个问题，还需要相当的耐心和训练。

美国推行自立教育，我问过美国的小学老师："什么时候开始对孩子进行自立教育？"对方回答说从孩子 3 岁起就应进行包括时间在内的自立教育。

比如，孩子忘带东西，说："是妈妈没放进我包里！"这时，美国的妈妈会看着孩子的眼睛，温柔地告诉孩子："你说得不对，不是妈妈的错，而是你的问题。"生活中，美国人会耐心教导孩子："不要把问题推给别人，这本来就是你自己的事情"。

还有，你早上叫孩子起床吗？

孩子说"都这么晚了，为什么不早点叫我？"，这是因为他认为自己起晚了是爸爸妈妈造成的。这时，如果你生硬地回答"不是我的错！""早就叫你了！"之类的话，孩子很可能感到你在责备他，就会产生抵触情绪，反而不能促进他自立。所以，家长在这个时候就应该耐心地告诉孩子："你自己决定起床的时间吧！"并且送他一个闹钟（可以让孩子选择自己喜欢的款式），帮他起床。

要引导孩子动脑思考

这本书让孩子做了很多提高时间管理能力的小练习。

比如，让孩子在记事条上写下想做的事情和必须做的事情，并进行分类（第47页）；再比如，让孩子制作校外日程表（第61页）。做这些事情都要尊重孩子的意愿。如果孩子不知道要做些什么，你可以提示他：是不是该写作业啦？通过这种提示，引导孩子思考他要做的事情。一定不要以命令的口气说：必须写作业！必须弹钢琴！耐心地引导孩子思考自己要做的事情，这非常重要。

现在，很多孩子都不太爱表达自己的想法。他们之所以不说，一方面是因为觉得自己的想法不正确，说出来担心遭到爸爸妈妈的拒绝，这种孩子很在意爸爸妈妈的看法；另一方面是因为他们已经习惯了不用自己思考，爸爸妈妈就给出了答案，这一现状导致孩子的大脑陷于停滞状态，不去思考甚至不会思考。为了让孩子独立思考并积极行动，无论孩子说什么话、有什么想法，你作为家长，一开始都要接受，不要断然否定。孩子照着自己的想法做，遇到困难，他就会重新思考，这样才能有收获。因此，在孩子做事之前，即使你觉得他进展不会顺利，也不要说出来，只要关注他就可以了。

孩子看似在浪费时间，其实并非如此

有段时间，孩子之间流行制作史莱姆（一种动漫玩具）。他们一刻不停地玩弄做好的史莱姆，凑在一起就交换彼此的史莱姆玩。家长看了会想：这有什么好玩的！玩点别的不好吗？不过，这种时间看似没什么用，也还是尽可能地让孩子自由支配。

看到孩子做你认为无聊的事情或者发呆，你禁不住又想说："这么浪费时间……"其实，你觉得孩子很无聊、是在浪费时间，可对孩子来说，这种时间可能正是他们关注内心、调整情绪的重要时间。研究表明，孩子享受自己喜欢的事物有助于培养将来的专注力。孩子发自内心想做的事情就是他喜欢做的事情，做这种事情有益于孩子身心健康成长。所以，在这个时候不要指责孩子，也不要干涉孩子，温情守护就行。

孩子做不好时，你应该怎么说？

让孩子自己管理时间、自己安排事情，孩子肯定会有不去做或者做不好的时候。遇到这种情况，你是不是又想告诉孩子："既然是你自己决定做的，就要好好做！"如果此时你的言语中带有怒气，有的孩子可能就不听话、不去做，有的孩子可能就非常听话、乖乖去做，要知道顺从的孩子只是不想挨爸爸妈妈训才去做的。所以，你一定要控制好情绪，平静地表达出自己的想法，可以说："你现在该做什么啦？""你准备几点钟把手上的事情做完呀？"说完这些，再观察孩子的表现。

另外，与其催促孩子"快点做"，不如说"10分钟内做完这些，就能……"之类鼓励的话，更能激发孩子的干劲。想让孩子动脑思考的时候，就问问孩子的感受或希望吧，比如，"你觉得怎么做好呢？""你想怎么做呀？"等等。如果你对孩子说"你为什么……""你怎么……"之类的话，孩子就觉得被爸爸妈妈责怪了。举个例子，如果你说孩子："为什么你总玩不够游戏呢？"孩子听到后很难作出回答，因为他也不知道到底为什么。如果换种问法问孩子："你打算不停地玩下去吗？"孩子可能会说："我再玩一会儿就好了。"那就让孩子再玩一会儿游戏，但要让他好好想一想，决定一个时间："你的再玩一会儿是几分钟？"

和孩子一起寻找他自己喜欢和感兴趣的事情

　　好的时间管理方法不仅是要有效利用时间，还要让时间过得充实、有意义。那么，怎样才能过得充实、有意义呢？说到底，就是做自己喜欢和感兴趣的事情。我曾经多次问过孩子们：最喜欢做的事情和做起来感到兴奋、快乐的事情是什么？对于这个问题，可能很多家长根本没想过，也说不出来自己喜欢做什么、什么事情能让自己兴奋、快乐。现在考虑这个问题也不晚。经过考虑，你们肯定能找到自己喜欢和感兴趣的事情。因此，也请平时多问问孩子："你做什么事情最开心呀？""什么时候你感到兴奋、快乐呀？"听听他们的回答。

　　做自己喜欢和感兴趣的事情，时间就过得充实、有意义。有了这种认识和经历，我们就会抽出更多的时间做自己喜欢和感兴趣的事情，就会安排利用好时间。为了做自己喜欢的事情、做自己想做的事情，无论是你还是孩子都会非常努力的。最后，请真心支持并帮助孩子们找到他们喜欢和感兴趣的事情。同时，也希望家长们能找到自己喜欢和感兴趣的事情，大人孩子一起珍惜时间，让人生亮丽多彩、熠熠生辉！

您的朋友　高取志津香

图书在版编目（CIP）数据

不拖拉！小学生的时间管理锦囊 /（日）高取志津香
编著；王影霞译 . — 青岛：青岛出版社，2024.6
ISBN 978-7-5736-2343-0

Ⅰ . ①不… Ⅱ . ①高… ②王… Ⅲ . ①时间—管理—
少儿读物 Ⅳ . ① C935-49

中国国家版本馆 CIP 数据核字 (2024) 第 105438 号

山东省版权局著作权合同登记号 图字：15-2023-76 号

BU TUOLA! XIAOXUESHENG DE SHIJIAN GUANLI JINNANG

书　　名	不拖拉！小学生的时间管理锦囊
编　　著	［日］高取志津香
译　　者	王影霞
出版发行	青岛出版社（青岛市崂山区海尔路 182 号，266061）
本社网址	http://www.qdpub.com
邮购电话	0532- 68068091
策　　划	傅　刚　Email：qdpubjk@163.com
责任编辑	傅　刚　张学彬
装帧设计	祝玉华　山　与
照　　排	光合时代
印　　刷	青岛双星华信印刷有限公司
出版日期	2024 年 6 月第 1 版　2024 年 6 月第 1 次印刷
开　　本	16 开（710mm×1000mm）
印　　张	12
字　　数	140 千
书　　号	ISBN 978-7-5736-2343-0
定　　价	56.00 元

编校印装质量、盗版监督服务电话：4006532017　0532-68068050
建议上架类别：少儿励志 · 亲子教育

参考文献：

《不对孩子说"不"》（高取志津香 / 合同出版社）

《科学管理时间》（一川诚 / PHP 研究所）

《时间的全部》（牛顿出版社）